# 大衆文化理論
## Popular Culture Theories

陸　揚／著
孟　樊／策劃

# 出版緣起

　　社會如同個人，個人的知識涵養如何，正可以表現出他有多少的「文化水平」（大陸的用語）；同理，一個社會到底擁有多少「文化水平」，亦可以從它的組成分子的知識能力上窺知。眾所皆知，經濟蓬勃發展，物價生活改善，並不必然意味著這樣的社會在「文化水平」上也跟著成比例的水漲船高，以台灣社會目前在這方面的表現上來看，就是這種說法的最佳實例，正因為如此，才令有識之士憂心。

　　這便是我們——特別是站在一個出版者的立場——所要擔憂的問題：「經濟的富裕是否也使台灣人民的知識能力隨之提昇了？」答案

恐怕是不太樂觀的。正因為如此，像《文化手邊冊》這樣的叢書才值得出版，也應該受到重視。蓋一個社會的「文化水平」既然可以從其成員的知識能力（廣而言之，還包括文藝涵養）上測知，而決定社會成員的知識能力及文藝涵養兩項至為重要的因素，厥為成員亦即民眾的閱讀習慣以及出版（書報雜誌）的質與量，這兩項因素雖互為影響，但顯然後者實居主動的角色，換言之，一個社會的出版事業發達與否，以及它在出版質量上的成績如何，間接影響到它的「文化水平」的表現。

那麼我們要繼續追問的是：我們的出版業究竟繳出了什麼樣的成績單？以圖書出版來講，我們到底出版了那些書？這個問題的答案恐怕如前一樣也不怎麼樂觀。近年來的圖書出版業，受到市場的影響，逐利風氣甚盛，出版量雖然年年爬昇，但出版的品質卻令人操心；有鑑於此，一些出版同業為了改善出版圖書的品質，進而提昇國人的知識能力，近幾年內前後也陸陸續續推出不少性屬「硬調」的理論叢

書。

　　這些理論叢書的出現，配合國內日益改革與開放的步調，的確令人一新耳目，亦有助於讀書風氣的改善。然而，細察這些「硬調」書籍的出版與流傳，其中存在著不少問題。首先，這些書絕大多數都屬「舶來品」，不是從歐美「進口」，便是自日本飄洋過海而來，換言之，這些書多半是西書的譯著。其次，這些書亦多屬「大部頭」著作，雖是經典名著，長篇累牘，則難以卒睹。由於不是國人的著作的關係，便會產生下列三種狀況：其一，譯筆式的行文，讀來頗有不暢之感，增加瞭解上的難度；其二，書中闡述的內容，來自於不同的歷史與文化背景，如果國人對西方（日本）的背景知識不夠的話，也會使閱讀的困難度增加不少；其三，書的選題不盡然切合本地讀者的需要，自然也難以引起適度的關注。至於長篇累牘的「大部頭」著作，則嚇走了原本有心一讀的讀者，更不適合作爲提升國人知識能力的敲門磚。

　　基於此故，始有《文化手邊冊》叢書出版
之議，希望藉此叢書的出版，能提昇國人的知
識能力，並改善淺薄的讀書風氣，而其初衷即
針對上述諸項缺失而發，一來這些書文字精簡
扼要，每本約在六至七萬字之間，不對一般讀
者形成龐大的閱讀壓力，期能以言簡意賅的寫
作方式，提綱挈領地將一門知識、一種概念或
某一現象（運動）介紹給國人，打開知識進階
的大門；二來叢書的選題乃依據國人的需要而
設計，切合本地讀者的胃口，也兼顧到中西不
同背景的差異；三來這些書原則上均由本國學
者專家親自執筆，可避免譯筆的詰屈聱牙，文
字通曉流暢，可讀性高。更因為它以手冊型的
小開本方式推出，便於攜帶，可當案頭書讀，
可當床頭書看，亦可隨手攜帶瀏覽。從另一方
面看，《文化手邊冊》可以視為某類型的專業
辭典或百科全書式的分冊導讀。

　　我們不諱言這套集結國人心血結晶的叢書
本身所具備的使命感，企盼不管是有心還是無
心的讀者，都能來「一親她的芳澤」，進而藉

此提昇台灣社會的「文化水平」，在經濟長足
發展之餘，在生活條件改善之餘，國民所得逐
日上昇之餘，能因國人「文化水平」的提昇，
而洗雪洋人對我們「富裕的貧窮」及「貪婪之
島」之譏。無論如何，《文化手邊冊》是屬於
你和我的。

**孟樊**
一九九三年二月於台北

# 目　錄

# 緒　論

　　英文中的mass culture和popular culture中
文都譯「大眾文化」，但是兩者可以說是完全
不同的概念，此「大眾」和彼「大眾」相差不
可道計。就早期的大眾文化mass culture而
言，這個術語的流行是在一九三○至一九五○
年代的文化批判思潮之中，具有明白無誤的貶
義色彩。但是時至今日，除了回顧歷史，mass
culture事實上已經是一個被人忘卻的概念。今
天我們所說的大眾文化，無一例外是指popu-
lar culture。popular的意思是of people。當年伯
明罕文化研究中心的中堅人物雷蒙・威廉斯，
在他題爲〈出版業和大眾文化〉的文章中，就
區分過「大眾」（popular）一詞的三層意義：

第一是「為民眾」，這是這個詞激進的傳統意
義，如憲章運動時期和二十世紀工黨運動時的
報紙。第二是反抗權威的大眾欣賞趣味：犯
罪、醜聞、羅曼史和體育。第三是依賴市場。
要之，大眾文化就是民有、民享，為民喜聞樂
見的文化。伯明罕中心的第二任主任斯圖亞
特・霍爾（S. Hall），在他〈解構「大眾」筆
記〉一文中，也逐次分析過大眾文化的不同定
義。首先，大眾文化具有市場或者說商業性
質，因為大量人群在聽它們、買它們、讀它
們、消費它們，而且似乎也在盡情享受它們。
其次，大眾文化接近大眾概念的「人類學」定
義：它是「大眾」的文化、社會習慣、風俗和
民風。最後也是霍爾本人看好的定義：用關
係、影響、抗衡等等綿延不斷的張力來界定
「大眾文化」，集中探討大眾文化與統治文化之
間的關係。

　　早期的大眾文化是一個四面不討好的靶。
它為舊式的民主派不容，因為它鵲巢鳩佔，搶
奪了「民間文化」的領地，而民間文化被認為

是在人民群眾之中自生自發的，與自上而下，
庸俗低劣的大眾文化不可同日而語。它為傳統
派所厭惡，因為它衝擊了「高雅」的藝術和
「高雅文化」。它同樣不討左派的歡心，因為它
是資本主義罪惡機器的幫兇，是麻痺大眾，消
磨大眾意志的毒品，使大眾無以清醒認識到自
己在資本主義社會中的真實地位。進而視之，
大眾文化還是「大眾社會」（mass society）的
必然產物。後者作為工業化的結果，被認為是
抹殺個性、推廣平庸，導致趣味、習慣、觀念
甚至行為千篇一律；而個人的差異，社會階級
的差異，大有給一筆勾銷的趨勢。大眾社會的
特徵是龐大的官僚機構、強大的傳媒、追求大
一統，說到底是平庸和異化。法蘭克福學派對
大眾文化的批判，正是奠基在對大眾社會的這
一認知上面。

　　但是大眾文化早已成了我們今天格外風光
的產業，不但帶來滾滾商業利潤，就是在它的
精神內涵方面，也早已挺直了腰桿，不但揚眉
吐氣敢於向對它壓迫已久的高雅文化宣戰，而

且差不多反客爲主，一躍成了背後有政府大力
推動的主流文化。這在全球化之風一路勁吹的
今天，於中國於西方並沒有太大的差別。關於
大眾文化的研究，在葛蘭西（Antonio Gramsci）
霸權（hegemony）理論流行之前，曾經是文
化主義和結構主義的兩分天下。在結構主義的
視野中，大眾文化經常被視爲一種「意識形態
機器」，其炮製儼如法律的規則，專橫統治大
眾的思想，一如索緒爾（F. de Saussure）專橫
統治具體言語行爲的「語言」總系統。文化主
義則是相反，讚揚大眾文化是眞實表達了社會
受支配階級的興趣和價值觀。進而視之，大眾
文化的結構主義研究似乎是集中見於電影、電
視和通俗文學，文化主義則趨向於在歷史和社
會學內部獨霸天下，特別是關涉到工人階級
「生活方式」的研究，諸如體育、青年次文化
一類。這樣兩分下來當然沒有什麼好的結果。
葛蘭西的霸權理論，事實上也就成了當時卓見
成效的一種解決辦法。在把對抗階級的文化因
素接納進來以後，一個結果便是「資產階級文

化」將不再是資產階級的專利，大眾文化更像
是統治階級和被統治階級的抗爭和談判場所
了。

　　但葛蘭西的霸權理論並不是屢試不爽的靈
丹妙藥。不說別的，光是諸如電視電影、流行
音樂、生活文化以及通俗文學等等的分析和研
究，就都各個牽制到不同領域獨特的、具體的
技術和理論問題，用布爾迪厄的話說，絕不是
迷醉於泛泛的「宏大敘述」（grand narrative），
卻不想到廚房裏弄髒雙手的傲慢作風可以解
決。不妨舉個例子，北美女學者安・芭・斯尼
陶（Ann Bar Snitow）〈大眾市場的羅曼史〉一
文中對「禾林小說」的分析。禾林小說是一種
從一九五八年開始啓步，一九七〇年代風靡北
美的婦女浪漫小說，由多倫多的禾林出版公司
出版。雖然作者各個不同，題材也各個不同，
但是有一點相同，這就是作者一律是女性，讀
者想必也全是女性。據統計迄今為止，已經有
超過一百位婦女作家給禾林出版公司寫過此類
小說。禾林小說結構精巧，但是大都不離此一

套路：年輕溫柔的窮女子遇到老成世故並且富
有強健的英俊男子。年齡的差異一般是男方大
於女方十至十五歲。女方自然渴望浪漫，可是
偏偏男方心懷鬼胎，只想逢場作戲，不思婚
娶。不過最後終究苦盡甘來，烏雲消散，有情
人終成眷屬。至此我們可以發現，禾林小說其
實就是北美的瓊瑤小說。我們還會想起簡‧奧
斯汀的《傲慢與偏見》：「有一條普遍的真
理，這就是每一個有錢的單身男人，都要娶個
太太。」現在禾林小說的公式倒過來是：每一
個窮困的年輕女子，都要找一個英俊闊氣的老
公。這個傳統上推到底，不消說便是十八世紀
英國小說家理查生的《帕美拉》。

　　禾林小說是大眾文化，它的讀者雖然數不
勝數，命運卻與《傲慢與偏見》和《帕美拉》
的經典風範不可同日而語，不但學術界懶得搭
理，就是圖書館也不屑於收藏。這樣來看，斯
尼陶同樣女性氣味十足的分析文章，就顯得格
外令人注目。作者說，禾林法則推崇的是兩性
之間的距離美。距離產生快感。女主人翁對性

在先一無所知，更增強了性所產生的興奮感。
女性的欲望是模糊的、被壓制的。在使性欲浪
漫化的過程中，快感就在於距離本身。等待、
期盼、焦渴——這些都象徵著性體驗的至高
點。一旦女主人翁知道男主人翁是愛她的，故
事也就結束了。

　　禾林小說的結尾就是婚姻。雖然這婚姻來
得並不容易，女主人翁處心積慮，方才修成正
果。但是一部以婚姻為歸宿的浪漫小說，同色
情又有什麼關係？斯尼陶引批評家帕瑞斯
（Peter Parisi）的話說，禾林浪漫小說本質上
就是那些羞於讀色情小說的人的色情小說。性
是這些小說真正的存在原因。女主人翁的身體
充滿活力，彷彿每一個細胞都在歌唱，從她體
內湧出的性衝動，連她自己都無法控制。在世
俗道德的背後，野性的、熱烈的性欲在生機勃
勃地滋長，最後它在「結婚」許諾中得到恩
准，「結婚」就是「性交」的一個代碼。進而
視之，在一場性幻想中，要使浪漫的強度、婚
姻的保證和性的興奮感達成適宜的比例，需要

一種微妙的平衡。禾林小說在其他方面缺少長處，但在這方面卻是一流。女主人翁的任務就是「把強姦轉化成做愛」。所以就必須拐彎抹角教會男主人翁如何慢慢來，如何學會浪漫。斯尼陶的結論是，禾林小說的風行顯示了這樣一個事實：浪漫是女性想像力中主要的組成部分，雖然在大多數的嚴肅女性作家那裏，浪漫是諷刺和挖苦的對象，但大多數女人並不這樣認爲。所以禾林小說的描寫可能比高雅女作家們更接近女性對愛情的希望。禾林小說尊重讀者，態度友好，所以有婦女讀者的大量信件流向出版商，傾訴她們的困擾、熱情和渴望。雖然小說中的溫馨世界其實是個很冷很冷的地方，但是禾林小說作爲大眾文化，更眞實反映出生活中女性對浪漫的期待，是沒有疑問的。高雅文化對這類期待不屑一顧，也許只能說明它依然還是男性的文化。

為什麼研究大眾文化？這個問題的答覆以前多半是負面的：在於揭露大眾文化道德上的腐朽、美學上的貧乏，甘做統治意識形態的代

理人。但是歷史開了一個玩笑，我們發現，在
過去的四分之一世紀中，電影、流行音樂、體
育、青年人的次文化，以及其他諸如此類的研
究一路發展下來，如今都堂而皇之登堂入室，
理論和方法均有神速進展。約翰・費斯克
（John Fiske），這位今日文化研究的當紅理論
家在他題爲〈英國文化研究與電視〉的文章中
說過，文化研究中的「文化」一詞，重心既不
在於美學方面，也不在於人文方面，而在於政
治。大眾文化肯定不是消費主義和享樂主義的
代名詞。假如把它作爲「人文精神失落」的替
罪羔羊，那麼人不禁會問：我們什麼時候有過
充滿人文精神的「黃金時代」？而且，既然是
黃金時代，說到底就是用黃金塗改謊言，只有
愚蠢到底才會流連忘返啊。

# 第一章
# 文化與大眾文化

## 第一節　什麼是文化？

　　什麼是文化？這個問題又好回答又不好回
答。說它好回答，是十八世紀德國啟蒙思想家
赫爾德（Herder），在他的名著《人類歷史哲
學概要》中給文化定位過三個基本特徵：首
先，文化是一種社會生活模式，它的概念是個
統一的、同質的概念，無論作為整體還是社會
生活的方面，人的每一言每一行都成為「這一」
文化無可置疑的組成部分。其二，文化總是一
個「民族」的文化，用赫爾德的話說，它代表

著一個民族的精華。其三，文化有明確的邊
界，文化作為一個區域的文化，它總是明顯區
別於其他區域的文化。這三個特徵甚至可以說
是迄至不久前的今日，一直被認為是關於文化
理論的權威定論。著名的例子如英國詩人艾略
特（T. S. Eliot），就接過赫爾德的文化定義，
稱文化是涵蓋了「一個民族的全部生活方式，
從出生到走進墳墓，從清早到夜晚，甚至在睡
夢之中」[1]。對文化的此類理解是我們所熟悉
的。即便是一九八〇年代國內大致與西方同步
的文化大討論中，我們聽到的文化定義，時常
也還是使人想起赫爾德來。

　　但是應該如何來具體說明文化呢？這又是
一個非常難解的問題。文化是各類藝術的總
和？抑或它就是傳媒：出版物、電臺、電視加
上電影？它是往昔的懷舊，還是閒暇時光的活
動呢？它是為人共用的價值、觀念、信仰；是
一種心理狀態、一種生活方式，抑或同自然環
境進行交際的一種手段？或者文化是用來分門
別類的組構形式？還是統而論之，文化包括了

上面這一切東西？這些問題的確不是三言兩語
可以解答清楚，而且顯而易見，它們可以從各
方面延伸開去，成爲「你中有我，我中有
你」，無論如何也理不清楚，如鋪天蓋地的一
張大網。

　　說不清楚總是也還有人在說。這方面有兩
位美國人類學家，阿爾弗雷德‧克洛依伯
（Alfred Kroeber）和克萊德‧克勒克荷恩
（Clyde Kluckhohn）於一九六三年出版的《文
化：概念和定義批判分析》一書，給人印象深
刻，對於澄清文化的性質和意義，公認是一本
不可不讀的力作。作者在列舉百餘條不同的文
化定義，逐一進行解析時，採用的方法之一是
將五花八門、形形式式的文化定義，根據一些
「基本主題」進行歸類。歸類的結果共得出九
種基本文化概念：它們分別是哲學的、藝術
的、教育的、心理學的、歷史的、人類學的、
社會學的、生態學的和生物學的。當然不論是
歷史文獻之中，還是今日正在流行的文化定
義，都未必是這九種基本類型可以悉盡概括，

但兼而論之的話，作者指出，大多數文化定義是可以在這九個門類下得到說明的。

文化的這九種基本概念，實際上也是對西方文化發展歷史的一個概括，所以有必要作一交代。首先，就文化的哲學概念來看，它無疑是一切文化定義中最爲古老的傳統。早在兩千年以前，西塞羅就提出過文化相等於哲學，或者說心靈的培育。這很顯然是將文化同個人心智的發展聯繫起來，進而聯繫到知識、智慧和理解力的獲得。這裏牽涉到文化（culture）一語的本義：培育（cultivation）。黑格爾曾在《美學講演錄》中說過，語詞最初的意義總是隱喻的、形象的，後來才發展引伸出抽象義來，雖然這後到的精神義終而反客爲主，反倒是掩蓋了語詞原初的感性本義。對此，黑格爾舉的例子是「掌握」（fassen）和「把握」（begreifen），說明它們最初都是用手去握事物的意思。「文化」一詞亦然。它緣起於拉丁語動詞colo，意即培育，當然最初是培育可見的東西比方說莊稼，然後才引伸到心靈。於是，

文化就成為個人修身的一個過程。這其實很可
以同強調修、齊、治、平的儒家文化展開對
話。要之，這個傳統中的「文化人」，就多少
貼近於儒家傳統中的「君子」。但文化的個人
性質和過程性質，在這裏是兩個都不容忽略的
要素。事實上，正是這裏文化重過程不重結果
的特點，使它同文明見出了分別。在相當一部
分理論家的概括中，文化多被視為導向某種成
果的累進運動；文明則被視為成果本身。

　　其次，同哲學的文化概念相仿，藝術的文
化概念也具有悠久的歷史，它是中世紀和文藝
復興的產物。但是比較文化在中世紀和文藝復
興時期主要同繆斯結盟，與詩的關係，包括史
詩、抒情詩、音樂、悲劇、喜劇和舞蹈等等尤
見密切一層，今天它同藝術的關係要廣泛得
多。一般認為它包括了表演藝術，如音樂、戲
劇、歌劇、舞蹈和啞劇等；文學藝術包括詩
歌、小說等等一類創造性文字；視覺藝術如繪
畫、雕塑；環境藝術如建築、城鎮規劃、都市
規劃、景觀設計等等；以及工藝如編織、製陶

一類的手工藝術。這一類概念中強調的是文化
所具有的創造性質，而創造性恰恰是藝術活動
的生命力所在。藝術家經常被認爲是一個民族
的精英人物，他們總是不滿現狀、力圖破除成
規，和探新求異的那一種叛逆精神，也非常合
乎文化自身更新發展的需要。問題是藝術這個
概念本身太爲含糊，它的內涵和外延在不同文
明和不同民族的語境中，大都可以得到不同的
闡釋，這自然也就影響到同它綁在一起的文化
的定義。

　　其三，是教育的文化概念。它的理論依據
爲文化是光；是個人也是社會內在的光。文化
於是便成爲透過接觸無邊浩瀚的知識和智慧的
積累，讓光把心靈和精神照得雪亮。這很顯然
是一個非常具有啓蒙意味的傳統。但文化作爲
教育和學問，於此並不限於正規教育。它不僅
包括初等、中等、高等、成人以及特殊教育等
等各方面的一切，而且包括一切非正規的教育
和求知形式。正所謂人是「活到老，學到
老」，當中未必具有明確的功利色彩。這又回

到了文化是培育人的心靈的古樸傳統。

　　其四，心理的文化概念，它是十九世紀中葉文化之哲學的、藝術的和教育的概念交相揉合的產物，其代表人物就是英國詩人和文學批評家馬修‧阿諾德（Matthew Arnold）。一八六九年出版的《文化和無政府狀態》一書中，阿諾德認爲文化就是求知的完美，是怎樣來獲知這世界上同我們有關的最好的思想。文化因此有一種激情，一種追求甜美和光明的激情。而且兩者是相通的，反追求甜美的人，到頭來會得到光明；追求光明的人，到頭來也能得到甜美。這裏甜美指的是藝術，光明指的是教育，文化就是透過藝術和教育的途徑，以臻人格的完美，它同樣還是帶有非常明顯的個人性質，其表述的與其說是外在的物質文明，不如說是內在的心靈狀態，精神和肉體的兩相和諧。阿諾德也講到了「文化人」，而且話中已經很清楚表現出一種文化大眾化的傾向：

　　　偉大的文化人是這樣一些人，他們具有一

種激情，要將他們時代最好的知識，最好
的思想從社會的一端傳播、搬運到社會的
另一端，使之流行不衰；他們殫精竭慮，
要為知識去除一切粗糙的、粗野的、難解
的、抽象的、專業的和孤傲的成分，要把
它人性化，使它在紳士和學者的圈子之
外，也見成效。與此同時，又保留了時代
最好的知識和思想，因而成為甜美和光明
的真正源泉。[2]

　　歷史的文化概念有廣義和狹義之分。克洛
依伯和克勒克荷恩指出，從歷史的角度看，廣
義的文化概念包括過去遺產的全部積累，無分
大小新舊，彼此相干或全不相干。這樣一種不
作辨析全盤收下的做法看似簡易，實際上卻因
為它過於廣泛而難成其為一種定義，並不能解
決實際問題。因此有狹義的文化圖式，它指的
同樣是過去傳統的積累，但這積累之所以成其
為文化，前提是它們表徵了時代的見證，故而
為今日的個人、社會和民族所高度重視的。不

過廣義的也好、狹義的也好，歷史的文化概念
大致可以用以下定義來加以表述：

> 文化作為一個描述性概念，從總體上看是
> 指人類創造的財富積累：圖書、繪畫、建
> 築以及諸如此類，調節了我們環境的人文
> 和物理知識，以及語言、習俗、禮儀系
> 統、倫理、宗教和道德，這都是透過一代
> 代人建立起來的。[3]

　　人類學的文化概念也是十九世紀的產物，
其最有權威的定義來自英國著名人類學家愛德
華・泰勒（Edward Tylor）一八七一年的《文
化的起源》。泰勒視文化和文明為一物，提出
從人種學的廣泛角度來看，它是一個錯綜複雜
的總體，包括知識、信仰、藝術、道德、法
律、習俗和人作為社會成員所獲得的任何其他
能力和習慣。泰勒給文化所下的這個定義，比
較先時的哲學的、藝術的、教育的、心理的和
歷史的文化概念，被認為是一個分水嶺。分別
在於先時的定義或多或少總是偏向某些方面，

泰勒則是提供了一個全方位的說明。文化於是
成為人類經驗的總和，它不復是某些階級的專
利，相反，恩澤廣被社會的每一個成員，這在
阿諾德已初見端倪的文化的大眾化和平民化傾
向，更是一大進步。此外它致力於從總體上來
觀照文化的態度，明顯也一路下延到當代西方
對文化的分析模式。

　　社會學的文化概念與人類學的文化觀念幾
乎同時勃興。但不同於人類學的文化觀概念強
調「錯綜複雜的總體」，社會學的文化概念將
重心移到社會共用的價值觀念和行為特徵等等
方面，有代表性的定義如美國社會學家保羅‧
布萊斯蒂德（Paul J. Braisted）：

　　　文化是一個具有多種意義的語詞，這裏用
　　作更為廣泛的社會學含義，即是說，用來
　　指作為一個民族社會遺產的手工製品、貨
　　物、技術過程、觀念、習慣和價值。要
　　之，文化包括一切習得的行為、智慧和知
　　識、社會組織和語言，以及經濟的、道德

的和精神的價值系統。一個特定文化的基
本要素是它的法律、經濟結構、巫術、宗
教、藝術、知識和教育。[4]

與社會學的文化觀念攸息相關的是種族、
倫理、階級、性別和身分等等，這些都是當代
世界中舉足輕重的熱門話題。與之緊密聯繫的
還有語言和交流，因為正是在交際和語言之
中，連接人和社會的紐帶或者是得到了發展，
或者就是停滯不前。當代社會中，語言和交流
最典型的載體便是傳媒，或者說是，人稱之為
「文化和傳播產業」的出版、廣播、電視、電
影、音像、電腦等一類行業。毫不奇怪，誰擁
有、操作和控制這些傳播手段，以及它們傳播
的是怎樣類型的資訊，正在日益成為一個超級
文化問題。因為對現代傳媒所有權和控制權的
喪失，意味著國家的文化表述、它的身分、主
權乃至生存，都將面臨生死攸關的威脅。

最後，作為對人類學和社會學文化概念的
一個反撥，乃有生態學和生物學的文化概念。

　　這是因爲後者看來，人類學和社會學的文化概
念雖然紅極一時，卻都是在圍著人類和人類創
造的產品打轉，對其他物種的存在和自然生態
環境或者是估價很低，或者是認定它們想當然
是爲人類存在。生態學和生物學的文化概念旨
在說明，文化並不僅僅限於人類和人類的創
造，它同樣適用於其他物種和整個自然領域。
具體來說，生態學的和生物學的文化概念是生
態環境運動的產物；視文化爲人類和自然環境
之間一種互補的象徵關係，一個對話交流的過
程。它旨在使人意識到技術的高度發展並沒有
解除人類對自然的傳統依存關係，反之則因爲
人類對自然資源和環境的掠奪和污染，更強化
了這一關係。於是，自然在文化形構的過程
中，勢將出演一個重要的角色；同樣人類文化
的建樹，必須考慮進植物、動物和其他一切生
命形式，因爲人類永遠與它們有著無論如何估
計也不爲過分的互依互存關係。當代社會中呼
聲益高的環境保護、植物保護和動物保護運
動，由是觀之，與此類文化概念應是有著太爲

密切的聯繫。

克洛依伯和克勒克荷恩歸納的上述九種文化概念如果做一個總結的話，可以看出它們很明顯是西方思想的產物，裏面的主幹不妨說就是科學和理性的一路發展。它們可以將之置於西方的文明和歷史框架之中，但是未必能夠充分解釋「見山是山，見水是水」的東方智慧。即便如此，文化概念的能動性還是充分表現了出來。往近看，不論是十九世紀文化朝人類學和社會學的轉向，還是今日出現的生態學和生物學轉向，文化與時代發展的節奏永遠是同步的，與變化不斷的社會現實永遠是形影相隨，它永遠具有毋庸置疑的當代性。

另一方面值得注意的是，什麼是文化？其由學者和理論家來下的定義，與由政府和商業機制來作認同，可以相差懸殊。一般來說，後者較學者力求全面的寬廣視域，對文化的限定要狹隘一些，也具體一些，如涉及文化政策的制定，文化大多是被定位在藝術、廣播、電視、電影、音像，以及出版產業等等。這一方

面便利於操作，同時也避免了不著邊際的浩瀚
給人帶來的惘然和畏懼；但是另一方面，將文
化拆解分派到政治和商業屬下，於文化本身的
整體把握，很顯然未必是有利的。

　　再就赫爾德對文化的傳統界說來看，已經
未必能夠說明今天經濟全球化語境中的文化發
展趨勢，也為顯見。全球化語境中人文科學面
臨的挑戰，同樣是世界性的。哲學家和文學家
多半已被時代的大潮冷落一邊，即便不自量力
學唐吉訶德，到頭來辛辛苦苦搏出的一點成
果，多半也只能滿足於自我欣賞。這很使人想
起伊拉斯莫斯（Erasmus）《愚蠢頌》裏，那個
絕色美女「愚蠢」對她那個時代的介紹：神學
家守住一大堆手稿在靠豆子充饑，同蝨子和跳
蚤作著英勇的搏鬥，唯獨醫生過得比誰都好，
享受的榮譽抵得上其他一切行業的總和，而醫
生的好處之一，就是他無知而且臉皮厚。位居
醫生之後的是律師，而假如聽從嘲笑律師有如
蠢驢的哲學家的意見的話，「愚蠢」說，律師
本來是可以位居第一的。醫生和律師，果不同

樣是今天最讓人羨慕的兩個職業！

　　偉大的伊拉斯莫斯！但是我們沒有忘記伊拉斯莫斯的時代正是文藝復興的時代。

　　傅柯（Michel Foucault）的主體消亡命題似乎正在得到確證。組織資本並傳播生產欲望的文化，隨跨國資本的發展進入跨國化的過程，已成必然。它將不復是一個民族的專利，它的統一性和同質性，正在飽受空前的挑戰。就前面赫爾德所說的文化的三個基本條件來看，文化的同一性很大程度是正為多元性所替代，即便同一文化範域之內，工人階級的居住區和富人階級的居住區，生活方式鮮有什麼共同語言。文化作為民族精神的凝聚力，隨著新移民文化的不斷形成，亦已是搖搖欲墜，至少它不再是赫爾德筆下那種圈定住一個民族的領土和語言的封閉的島嶼。最後文化的邊界，隨著全球交通的不斷便捷、跨國傳媒的長驅直入，以及網路向家庭單元的順利進軍，如果說它還在堅守陣地，那麼無論如何這邊界也是敞開大門的邊界了。

　　既然文化的邊界敞開大門，文化的概念擴展自身是勢所必然的事情。澳大利亞文化理論家托尼・本內特（Tony Bennett）一九九八年出版的《文化：一門改革家的科學》，就把他的文化研究定位在五個方面：其一他名之爲廣義的政策研究，涉及政府和文化的關係，包括廣播、影視和傳媒政策、藝術政策、基金結構，以及博物館、畫廊、圖書館和知識產權，文化旅遊和文化產業等。其二是政策與實踐的關係，研究如何在政府的影響下制定政策。其三謂之跨學科和多元化，涵蓋人文和社會科學的所有學科，如歷史、社會學、文化和傳媒研究、婦女研究、經濟學、人類學等等，而不局限於狹義上的政策研究，據說這樣可以進而追索理論傳統、展開對話、尋求融合。其四是國際和比較研究，將圍繞文化和傳媒的政策論爭推出國界。最後，作者稱之爲歷史意識和理論的前沿性，在歷史視域中來理解當代政府和文化的關係，同時積極推動當代文化理論及實踐中政策導向的論爭。總之，「政府和文化的關

係正在經歷巨大的變化。政府參與文化管理的
原理一直相伴著戰後的社會福利觀念，一九八
○年代以來，這些原理受到了與日俱增的質
疑。」[15]很顯然本內特對當代文化研究歸納的
這五個方面，具有太爲明顯的實用性質，這大
概與美國這個國家講究務實的哲學傳統也不無
關係，但是我們知道文化有它的超越性，它並
不等同於政府行爲。

## 第二節　什麼是大眾文化？

　　講到大眾文化，雷蒙·威廉斯（Raymond
Williams）的一段話是經常爲人引用的：

　　大眾文化不是因為大眾，而是因為其他人
　　而得其身份認同的，它仍然帶有兩個舊有
　　的含義：低等次的作品（如大眾文學、大
　　眾出版商，以區別於高品味的出版機
　　構）；和刻意炮製出來以博取歡心的作品

（如有別於民主新聞的大眾新聞，或大眾
娛樂）。它更現代的意義是為許多人所喜
愛，而這一點，在許多方面，當然也是與
先前的兩個意義重疊的。近年來，事實上
是大眾為自身所定義的大眾文化，作為文
化它的含義與上面幾種都有不同，它經常
是替代了過去民間文化佔有的地位，但它
亦有種很重要的現代意識。[6]

這段話不妨視為大眾文化的一個定義。首
先，它表述了知識界對大眾文化由來已久的輕
蔑和譴責態度；其次，它顯示了大眾文化在當
代社會中得到的重新確認，「替代過去民間文
化佔有的地位」，這意味大眾文化不再是過去
不登大雅之堂的化外之民，而煥然成為高雅文
化的遠親近鄰，這當然是非常揚眉吐氣的事
情。「大眾」被定位在低等次、低品味的傳統
觀念，在今天更多的批評家看來不能說是不值
一道，但至少需要認真反思了。這一點威廉斯
本人是充分意識到的，如上述文字的前文就是

儘管大眾文化早有的意義尚未滅絕，但大眾一語正日漸在由大眾，而非將趣味和權力加諸大眾的那個集團來審視。這也是上文威廉斯所說的近年來大眾文化事實上是爲大眾自身在作界定。

　　關於大眾文化不是大眾自己所爲，而是政治和商業機制自上而下強加給大眾，故而大都是些聲色之娛的觀點，在包括西方馬克思主義在內的西方學界中是一個已成定見的批判傳統。甚至羅蘭・巴特（Roland Barthes）的《神話學》中，還在論證大眾文化很難說是自然而然起源於「大眾」，而是企業家們炮製推行下來，目的是爲追逐最大的利潤，而非爲滿足公眾的滿足。大眾文化由是觀之，與上面文化的種種定義中的形而下方面，便也可相吻合。美國社會學家赫伯特・甘斯（Herbert Gans）在他一九七七年出版的《大眾文化和高雅文化：趣味的分析和評價》一書中，就是根據「價值」和「文化形式」兩個尺度，把從音樂、藝術、設計、文學、新聞以及「這一切

於中得到表達的傳媒」，到所有他所謂表現了
種審美價值或功能的消費品，諸如家具、服飾
等等，一併劃到了大眾文化的名下。

威廉斯是文化唯物主義的倡導人，其理論
的出發點不復是馬克思所看重的經濟基礎和上
層建築的關係，而是人的創造和自我創造的思
想。對此威廉斯有意用「文化」一語作總體概
括。就文化的定義來看，威廉斯的視野無疑是
相當寬闊的。如《文化與社會：1790—1950》
一書中，他指出文化從最初的培育、修養的含
義一路發展下來，早已成了一個自足的概念，
而包括四個方面的意義：一是指一種總的心靈
狀態，與人類追求完美的精神密不可分；二是
指作爲一個整體的社會中，知識發展的總狀
態；三是藝術的總體；最後是指整個生活方
式，包括物質的、知識的和精神的生活方式。
這樣來看，文化一方面是一種內部的過程，特
別是長期結盟於知識生活和各門各類的藝術，
另一方面它又指一種總體過程，進一步說可以
用來指一切生活方式的具體形態。文化的這兩

種闡釋，不消說是互爲衝突的，但威廉斯強調
文化這同一概念的兩個方面其用法都是合理
的。而假如自我創造的思想被理解爲整個社
會，即人類完整生活方式的表述，那麼透過文
化的分析和描述來概括人類社會生活包括物質
和精神的全部內容，便是有了充分的依據。

　　威廉斯在《關鍵字》中對大眾文化的界
說，可以同更晚近的類似著作做一比較。初版
於一九九四年的奧蘇利文（Tim O'Sullivan）
等人編纂的《傳播與文化研究中的關鍵概
念》，寫到大眾文化，劈頭就舉譬林肯，稱大
眾的含義是民有、民享，爲民所喜聞樂見。大
眾本來是「善」的同義語，可是後來它被用作
貶義。就其詞源上看，大眾不是泛指普遍民
眾，而是用來指民眾的絕大部分，它的對立面
是富人階級、特權階級和受到良好教育的階
級。所以毫不奇怪，由於持批判態度的作家們
要麼是後一階層的成員，要麼是後一階層的代
理人，大眾一詞從他們的筆底下流出，很自然
就成了粗俗、低級、庸俗、便宜一類的同義

詞。關於大眾文化是由傳媒機構和政府的代理
人強加給大眾，還是發端於他們自己的經驗、
自己的趣味和習俗等等，澄清這個問題被認為
對大眾文化的研究至為重要：

> 什麼可視為大眾文化？是在一定程度上取
> 決於你是否對「民眾」生產或者是為「民
> 眾」而生產的意義感興趣，以及你是否認
> 為這些意義是證明了「公共需要」或「公
> 共所得」。進而視之，大眾文化的研究還
> 需要加以注意大眾文化之外的其他文化，
> 特別是人所說的「高雅文化」。但注目於
> 大眾和高雅文化之間差別的討論，傳統上
> 是聚集在趣味和藝術特點的問題上面。[7]

類似的例子可見於阿多諾對「嚴肅」音樂
和「流行」音樂所作的區分，前者被認為是表
徵了藝術家創造天賦的高雅藝術，後者被認為
是商品化的消費對象，如莫札特和流行音樂的
區別。但認真探究下去，事情並非如此簡單。

大眾文化追本溯源可以上推到十八和十九

世紀，但是有關理論和紛爭的大量出現，則是
二十世紀二○年代以後的事情。這個時代的特
點有人將它描述爲「大眾社會」（mass soci-
ety）。隨著工業技術的飛速發展和大眾傳媒的
迅速崛起，其結果是整個社會的工業化和都市
化，而個人則相應被「原子化」。這是說，在
所謂的大眾社會中，人與人之間關係就像物理
和化學結構中的原子，而意義和道德作爲傳統
社會的凝聚力，正在消失遠去。原子並不孤
立，彼此之間有著聯繫，但這聯繫肯定不是有
機的聯繫。原子和原子之間相貌無異、色調同
一，完全失去了個性特徵。大眾社會中的人際
關係因此也是契約的、疏遠的、偶然的。人的
創造力似乎是爲時代的機械複製特徵淹沒了。

　　進而視之，大眾文化從它誕生的那一天
起，就是與大眾傳媒攜手並進的。但是大眾傳
媒的一路走紅，其利與弊不論是在學界還是在
社會上，迄至今日同樣是一個爭執不清的問
題。爭論的焦點在於大眾傳媒產品的大眾化特
徵，它是好事還是壞事？這裏牽涉到的似乎也

並非是只有批評家個人好惡的問題。曾經擔任
伯明罕當代文化研究中心第二任所長的斯圖亞
特·霍爾（Stuart Hall），在他題爲〈文化、傳
媒和「意識形態效果」〉的著名文章中，就指
出現代傳媒首要的文化功能，便是選擇建構
「社會知識」和「社會影像」。大眾是透過傳媒
建構的這類知識和影像來認知世界，來體味他
們曾經經歷過的現實生活。故無論從質還是從
量來看，在資本主義高度發達的二十世紀，傳
媒在文化領域裏已經取得了舉足輕重的領導地
位。這是說，隨著現代社會中現實生活日漸分
裂而成爲支離破碎、互不相干的片斷，大眾傳
媒成了原子化、片斷化社會生活得以保持一種
「整體」感覺的主要途徑。即便在經濟和技術
方面，它比較傳統文化中那些歷史更爲悠久的
社會傳播工具，也具有無可比擬的優越性。在
當代生活中，大眾傳媒的巨大身影是無所不在
的，它的一個直接結果，霍爾強調說，自然就
是大眾經驗的「類型化」。

　　關於大眾文化的意義及其闡釋，據威廉斯

等人的概括，基本上可以歸結為以下三方面的
問題：首先，是誰，是什麼決定著大眾文化？
大眾文化從何而來？它是來自民眾自身，是他
們喜怒哀樂和經驗模式的自然表達，還是統治
階級加之於民，是為一種社會控制？換言之，
大眾文化是自下而上發端於底層社會，還是自
上而下來自於高高在上的精英階層，抑或是兩
者之間的一種相互作用？

　　其次，如何看待商業化和產業化對大眾文
化的影響？文化以商品形式出現，是否意味著
利潤和市場的標準先於內質、藝術和知識內
涵？或者說，大眾文化市場的日益擴展，就意
味它真正是大眾的文化，因為它提供了人們事
實需要的商品？文化的產業化生產和市場化銷
售中誰是贏家，是商業還是質量？

　　最後，大眾文化扮演何種意識形態角色？
它是誘使大眾接受並且追隨統治階級的價值觀
念，以使特權階層延續並且強化對他們的統
治，還是它表徵了對現存社會秩序的叛逆和反
抗？它是不是以某種隱蔽的形式和方法，表述

　　了對統治階級推行之意識形態的一種抵制，一
種顛覆？換言之，大眾文化純粹是一個任憑宰
割的底層階級的自嘆自唱，還是一個具有潛在
解放力量的自足的資源，它提供了可能是完全
不同於主流或官方文化的另一種視野和行為方
式？

　　弄清這三個方面的問題，被認為對於大眾
文化的理論建樹至為重要，而且它們的現實意
義一點都沒有因為時間的推進有所失色。但這
些問題的解答一直到一九七〇年代，可以說是
負面的否定意見佔據絕對優勢。大眾文化的前
身是mass culture。mass一詞有人譯作「烏合
之眾」，似乎或有聳人聽聞之嫌。但mass作為
大眾之意，所突出的肯定是它的貶義而不是褒
義。正因為同近似烏合之眾的大眾結盟，大眾
文化被認為是些聲色感官之娛。理由是大眾沒
有趣味，沒有辨別力，倘使一味追求滿足大眾
的趣味，那麼結果只能是一些庸俗粗濫的東
西。

　　趣味並不僅僅是一個美學的概念。據早年

以《鏡與燈》一書而爲我國讀者熟悉的美國批
評家艾伯拉姆斯（**M. H. Abrams**），在其《論
文有所爲》一書中的藝術社會學分析，說明了
趣味概念的風行是在十八世紀。這正是英國社
會風雲變幻、階級分化的時代。市民階級靠著
善於投機鑽營，許多人一夜之間就變成了新興
的資產階級，使苟延殘喘的古老貴族們連連哀
嘆，幾無招架功力之餘，不得不祭出最後一件
法寶——趣味：審美趣味的培養非一日之功，
市民階級可以一夜暴富，但是他們能夠一夜之
間培養出高雅的趣味嗎？趣味由是成爲貴族階
級抵擋平民入侵的最後一塊盾牌。但歷史證明
這塊盾牌並不堅固，中產階級的錢囊充盈之
後，有心培育趣味的話，不過也就是早晚之間
的故事。反過來看大眾文化，以趣味作爲標準
來對它進行否定，那麼我們大致也可以看到一
個二元對立，一邊是藝術和民間文化，一邊就
是大眾文化。

# 註　釋

[1] T. S.艾略特，《關於文化定義的筆記》，倫敦，菲波和菲波出版社，1948年，第31頁。( T. S. Eliot, *Notes towards the Definition of Culture*, London: Faber and Faber, 1948.)

[2] 阿諾德，《文化和無政府狀態》，康橋大學出版社，1960年，第70頁。( Matthew Arnold, *Culture and Anarchy*, Cambridge: Cambridge University Press, 1960.)

[3] 克洛依伯和克勒克荷恩，《文化：概念和定義述評》，紐約，釀酒叢書，1963年，第83頁。( A. Kroeber and C. Kluckhohn, *Culture: A Critical Review of Concepts and Definitions*, New York: Vintage Books, 1963.)

[4] 布萊斯蒂德，《文化合作：未來時代的基調》，紐黑文，海貞基金會，1945年，第6頁。( Paul J. Braisted, *Cultural Cooperation: Keynote of the Coming Age*, New Haven: The Edward W. Hazen Foudation, 1945.)

[5] 本內特，《文化：一門改革家的科學》，倫敦，聖賢出版社，1998年，第iii頁。( Tony Bennet, *Culture: A Reformer's Science*, London: Sage Publishing Ltd., 1998.)

[6] 威廉斯，《關鍵字：文化和社會辭彙表》，倫敦，豐

塔那出版社，1976年，第199頁。（ Raymond Williams, *Keywords: A Vocabulary of Culture and Society,* London: Fontana. ）

[7] 奧蘇利文等，《傳播與文化研究中的關鍵概念》，倫敦，路特勒基出版社，1994年，第232頁。(Tim O'Sullivan, J. Hartley, D. Saunders, M. Montagomery, J. Fiske, *Key Concepts in Communication and Cultural Studies*, London: Routledge, 1994. )

# 第二章
# 大眾文化理論變遷

## 第一節　李維斯主義和大眾文化批判

　　對這個二元對立的分析涉及到大眾文化批判理論。批判理論是法蘭克福學派（Frankfurt School）的傳統，霍克海默（Max Horkheimer）在倡導他的哲學和社會批判理論時，就提出他的理論同「傳統理論」是格格不入的，因為「傳統理論」置身於資本主義社會再生產自身的專門化勞動過程之中，從既定事實出發而屈從於資本主義的現存秩序；相反地，他的「批判理論」則超越現存資本主義的勞動分工和再

生產機器的限制，從而能夠揭露資本主義的固有矛盾，得出否定和推翻現存社會再生產過程的革命結論。透過分析工具理性的起源和本質，霍克海默特別是他的弟子阿多諾（T. W. Adorno），被認為是描述出了現代文化的商品化特徵，這一點後面將闢專門章節予以討論。

　　但是對大眾文化的批判傳統，較法蘭克福學派的歷史既更為悠久，範圍也要廣泛得多。就大眾文化與民間文化的關係來看，大眾文化不同於民間文化，向來是西方理論界的共識。民間文化也是來源於下層階級，但是它久被認為是自發的、自足的，直接反映了民眾的生活和經驗，沒有人懷疑它與統治階級的陰謀有什麼關係。雖然民間文化別指望搖身一變，成為藝術，但是它的獨特性是為社會所承認，也是為社會所尊重的。這一點可以從李維斯主義對大眾文化的批判談起。

　　F. R. 李維斯（Frank Raymond Leavis）是著名雜誌《細繹》（*Scrutiny*）季刊的創始人，不但是二十世紀最有名的文學批評家之一，其

對大眾社會和大眾文化所持的批判態度，也為
人所周知。李維斯的文化批判思想形成於一九
三〇年代，主要見於三部著作：F. R. 李維斯
一九三〇年的〈大眾文明與少數人文化〉、F.
R. 李維斯的夫人，Q. D. 李維斯一九三二年的
《小說和閱讀公眾》，以及之後F. R. 李維斯和
丹尼斯・湯普生（Denys Thompson）合著的
《文化與環境》。F. R. 李維斯提出大眾文化是
民間文化的災難，因為它一刀割斷了傳統和過
去，而這過去顯然是值得緬懷的：

> 我們失去的是有機的社團以及它所蘊含的
> 活生生的文化。民間歌謠、民間舞蹈、鄉
> 間小屋和手工藝產品，都是一些意味深長
> 的符號和表現形式。它們是一種生活的藝
> 術、一種生存的方式，井然有序，涉及到
> 社會藝術、交往代碼以及一種反應調節，
> 源出於遙不可測的遠古經驗，呼應著自然
> 環境和歲月的節奏。[11]

往上看F. R. 李維斯是秉承了阿諾德的傳

統。《文化與無政府狀態》中阿諾德雖然沒有
直接討論大眾文化，但是他將文化界定爲世界
上所思所言的最好的東西，實際上是給他後面
的一個世紀提供了一個認識文化的基本視野。
全書通讀下來，「無政府狀態」就是大眾文化
或者說工人階級文化的同義詞。阿諾德談到工
人階級的貧困、愚昧和無奈，故而他們的文化
導致權威掃地，社會和文化秩序趨於瓦解，是
可想而知的。

　　文化的功能在阿諾德看來，因此在於培育
一個有修養的中產階級。反之，工人階級總是
處在「無政府狀態」一邊，總是處在「文化」
的對立面上。阿諾德說，人類的大眾部分永遠
沒有充分的熱情來如其本然觀照事物，他們一
知半解就很知足了。相反，如其本然觀照世界
的人，總是發現自己是在一個很小的圈子裏，
但是就是在小圈子使完善的思想得以流傳。所
以，有高度修養的人雖然只是少數，可是他們
是人類知識和眞理的器官。因爲，知識和眞理
就這兩個詞的充分意義而言，是人類的大眾部

分根本無以達成的。

　　我們可以發現，F. R. 李維斯的〈大眾文明與少數人文化〉，其標題就是不折不扣來自阿諾德的上述思想。同阿諾德相似，F. R. 李維斯也堅信文化總是少數人的專利。但李維斯的時代與阿諾德有所不同，隨著工業革命的推進，「大眾文明」和它的「大眾文化」全面登陸，傳統價值分崩瓦解潰不成軍。少數文化精英發現自己處在一個「敵對環境」之中。這是李維斯深感憂慮的。

　　李維斯的憂慮自此開啓一個傳統，這就是大眾文化批判中的李維斯主義。它的前提是十九世紀之前，至少是在十七世紀和十七世紀之前，英國有一種生機勃勃的共同文化。唯工業革命將一個完整的文化一分為二，一方面是少數人文化，一方面是大眾文明。少數人文化代表了阿諾德所說的「所思所言的最好的東西」，在李維斯則特別體現在英國文學的偉大傳統上面。大眾文明的大眾文化則是商業化的低劣文化：電影、廣播、流行小說、流行出版

物、廣告等等，被缺欠教育的大眾不假思索大
量消費。正是基於這樣的認識。F. R. 李維斯
呼籲「少數人」武裝起來，主動出擊，抵制大
眾文化氾濫成災。

　　F. R. 李維斯的妻子，英國女批評家Q. D.
李維斯在她一九三二年出版的《小說和閱讀公
眾》一書中，也表達了類似的思想。作者說，
在大眾文化的衝擊下，文學的前景已經變得非
常渺茫。詩歌和文學批評一般讀者不屑光顧，
戲劇就它同文學重疊的那一塊來說，已經死
了，獨有小說在苟延殘喘，但是小說看來同樣
已時日無多。Q. D. 李維斯發現文學的傳統讀
者們現在在電影院裏消磨時光，要不翻翻報紙
和流行雜誌，或者就聽爵士音樂。就是有意去
重新培植讀者的閱讀興趣，多半也是徒勞無
功。故十八和十九兩個世紀是閱讀的世紀，二
十世紀是阻礙閱讀的世紀。電影、流行雜誌、
報紙、舞廳、流行音樂，這一切對人的誘惑力
實在太大了。讀書俱樂部不是在提高讀者的趣
味，而是在將讀者的趣味標準化。只有具備非

凡克制力的人才能抵禦環境的引誘，皈依到正統藝術的門下來。所以在二十世紀，Q. D. 李維斯說，閱讀公眾不再接觸過去和它那個時代最好的文學，究其原委，則是因為大眾傳媒成功地傳播了固定化了的、標準化了的思想和情感模式。

F. R. 李維斯的大眾文化不同於民間文化的思想，則更系統見於美國大眾文化批判理論家D.麥克唐納（Dwight Macdonald）。麥克唐納一九四四年撰〈大眾文化理論〉一文比較民間文化與大眾文化時就指出，民間文化發端於下層，它是民眾自然而然的經驗表達，不受高雅文化的恩惠，是為民眾自享，滿足自身的需要。大眾文化則是從上面下達，是為商人雇傭的技師製作，它的觀眾是被動的消費者，其參與程度就限制在買與不買的選擇上面。進而視之，民間文化是民眾自己的一個小小的花園，四周圈有圍牆，與其主人高雅文化的大花園隔離開來。但是大眾文化打破了圍牆，將大眾統一到高雅文化的低級形式之中，如此成為政治

統治的一個工具。

　　〈大眾文化理論〉開篇就說，一個世紀來，西方文化事實上是有兩種文化，其一是傳統文化，可以叫做「高雅文化」，它主要見於教科書。其二是「大眾文化」，是爲市場而成批製作出來，後者包括廣播、電影、卡通、偵探小說、科幻小說和電視。這些都是嚴肅的藝術家很少願意涉足的領域。麥克唐納甚至反對用當時已經開始流行的popular culture一語稱謂大眾文化，而堅持mass culture是更爲確切的稱呼。理由是大眾文化的一個顯著的特點，就是它是一樣直接供大眾消費的東西，就像口香糖。高雅文化的作品有時候也會流行，雖然它時下是愈見蕭條。要拿流行（popular）作爲標準，麥克唐納說，狄更斯（Charles Dickes）比他的同時代作家G. A.亨提（G. A. Henty）更要流行。但兩人的不同處在於狄更斯是藝術家，將他個人的情感與他人的情感溝通起來，而亨提則爲非個性化大眾商品的非個性化的製作者。當然不能因此而說狄更斯是屬

於大眾文化。

　　大眾文化因此成為標準文化、程式文化（formula culture）、重複文化和膚淺文化的同義語，是為一種虛假的感官快樂而犧牲了許多歷久彌新的價值觀念。麥克唐納如此描述過大眾文化的「無邊蔓延」，對此他很顯然抱持悲觀態度：

> 它是一種低級的、瑣細的文化，同時出空了深層現實（性、死亡、失敗、悲劇）和質樸自然的快感，因為現實是太現實了，快感是太活躍了，而無以被誘使……麻木接受大眾文化以及它所銷售的商品，來替代那些游移無定、無以預測，因而也是不穩定的歡樂、悲劇、巧智、變化、獨創性以及真實生活的美。而大眾，既然經過幾代人如此這般墮落下來，反過來要求得到瑣細的和舒服的文化產品。[21]

　　麥克唐納的觀點作為對大眾文化的一種批判，相當具有代表性。在班傑明或（Walter

Benjamin，或譯爲班雅明）名之爲「機械複製時代的工業社會」中，物質和文化的產品被認爲沒有眞正的區別，汽車的生產和電影的生產一樣是爲市場經濟的原則所決定。大眾文化標準化的、程式化的和機械複製產品，被認爲是刻板、瑣細和流水線生產方式的必然產物，是文化商品化後的必然結果。與此相反的是藝術，藝術不可能作如此批量生產，藝術的美學內涵、它的創造性，它的實驗性和它對傳統的挑戰意味，都是生產大眾文化的技師所無以實現的。眞正的藝術家被認爲絕不流俗於商業市場行爲。同理，民間文化必須是爲一個有凝合力的社團所生產，它清醒意識到自己在幹什麼，而且始終把握著生產方式，故而能夠保證其產品的明確身分。

　　大眾文化這樣看來，就是一種不要思想，只要感性；不求深度，只求享樂，而且是坐享其成，不要觀眾動腦筋參與的逃避主義文化。這裏需要注意的是「大眾」（mass）和「民眾」（people）兩個概念的區別。據李維斯傳統的

文化批判家看來，大眾基本上就是失去人文精神的群氓，彼此之間毫無聯繫，而只是同某種遙遠的、抽象的、非人文的東西發生聯繫，比方說，像一支足球隊，進球便是唯一的理念，其他一切都不在話下。大眾，人故而是孤立的原子，大家是千篇一律，無分彼此的。但是民眾不同，民眾是一個社團，即由相互聯繫的個體組成的一個集體，這聯繫的紐帶就在於他們具有共同的利益、工作、傳統、價值和悲歡喜怒。這與大眾社會的無序狀態，顯而易見是大不相同的。

由是而觀，李維斯傳統的大眾文化批判，可以見出它很大程度上體現了「大眾社會」中現代人對「黃金時代」的追緬，雖然這「黃金時代」的具體內涵還可以大有講究。這一點甚至號稱當今西方馬克思主義的頭號理論家的詹明信（Fredric Jameson）都看得十分清楚，一九八四年刊於《新左派評論》（New Left Review）的〈後現代主義，或資本主義的文化邏輯〉一文中，他就談到今日自然本身已被

遮蔽得黯淡無光，海德格的「田間小徑」已被
後資本主義、綠色革命、新殖民主義和大都市
等等無可挽救地摧毀殆盡。後資本主義的超級
高速公路於昔年在或是耕作，或是荒蕪的大地
上穿行，海德格的「存在之屋」變成了單元住
宅，興許還是淒涼的出租公寓，耗子成群，沒
有暖氣。

　　詹明信以大眾文化爲後現代社會的文化模
式，認爲它的特點是從現代主義的語言中心轉
向後現代主義的視覺中心文化。隨著大眾傳媒
的無邊滲透，發達國家和發展中國家之間的文
化差距，已不似人們想像中的那麼巨大。電
視、電影、網路、廣告和MTV，當代社會正
在成爲一個視覺文化或者說影像文化社會。這
樣一種表面上看是流於泛美主義，實際上是
「審美」審得過火，以致於幾近無美可審的文
化現實，急待理論家來正本清源，給出新的理
論說明，是不言而喻的。詹明信本人對大眾文
化基本上持批判態度，同上文中他指出，後現
代主義的一個基本特徵，就是高雅文化和大眾

文化或者說商業文化之間早先存在的界限被取
消了。這一取消的結果是形成了一些新型的文
本（text），而昔年文化產業的形式、範疇和內
容正在向這些文本傾注。詹明信強調從F. R.
李維斯直到阿多諾和法蘭克福學派，所有的現
代批評家，都在強烈譴責這類整個墮落下去的
文化產業，包括廉價低劣的文藝作品、肥皂
劇、《讀者文摘》文化、廣告和汽車旅館、B
級好萊塢影片，以及一切所謂的次文學（par-
aliterature），如機場出售的平裝本流行傳記、
兇殺小說、偵探小說、豔情小說、科幻小說，
如此等等，不一而足。昔年的大眾社會的種種
弊端，現在可以說不但是原封不動，而且是變
本加厲長入了今天的消費社會、媒介社會、資
訊社會和電子社會，而引用詹明信本人青睞的
術語，它應當叫做後工業社會（postindustrial
society）。

　　對於後工業社會大眾文化的特點，還是在
上述文章中，詹明信的概括是五種差異的消
失，它們是：其一，內部和外部的差異；其

二，本質和形象的差異；其三，佛洛伊德潛意
識和顯意識的差異；其四，存在主義真實性和
非真實性的差異；其五，能指（signifier）和
所指（signified）的差異。而這一切歸根到底
是一種無深度性，深層被表面所替代了，而且
這替代不僅僅是隱喻，它就是大眾文化的一個
可悲的現實。因為一個顯見的事實是文化在我
們的社會裏不斷擴張，鋒芒直逼我們社會生活
中的一切領地，從經濟價值到國家政權直到實
踐乃至於精神結構本身，都同文化盤根錯節地
聯繫了起來。

　　但是反過來看，這一切並不意味著懷舊，
這一點上詹明信認為正可以顯現他後現代主義
理論中的馬克思主義精神。對於今日後資本主
義「世界體系」尚未有充分理論說明的獨特空
間，詹明信指出，雖然它的消極方面和有害方
面至為明顯，但辯證法要求我們對它的出現公
平地作出肯定，就像馬克思評價剛剛統一的國
內市場空間；列寧評價昔年帝國主義的全球網
路一樣。在於馬克思和列寧，社會主義都不是

回到小國寡民，因而據信是爲較少壓迫的社會
體系中去。相反，資本主義在馬克思和列寧時
代所獲得的進取方面，都被他們看作實現一種
更全面的、嶄新的社會主義的預言、框架和前
提。詹明信認爲馬克思和列寧這方面的思想，
足以幫助解釋今日全球化趨勢撲面而來的新世
界體系的空間。它的反面例證則是社會主義革
命與舊民族主義的重新聯盟，而這聯盟恰恰是
需要左派認眞加以反思的。

## 第二節　從羅蘭・巴特到伯明罕中心

　　一九五七年對於大衆文化理論來說是個好
年頭。這一年出版了羅蘭・巴特（R. Barthes）
的《神話學》，收入文章則廣泛涉及角力、玩
具、廣告之類日常生活中的大衆文化。巴特在
這裏賦予大衆文化以細緻文本的分析，而這是
李維斯傳統的文化批評，先時反之獻給「高雅」
文學的。所以《神話學》具有開拓意義，應無

庸置疑。

　　《神話學》的第一篇〈角力的世界〉涉及
到很有意思的大眾文化認知。巴特討論的角力
經常是在巴黎一些髒兮兮的廳堂中舉行，生龍
活虎，卻與資產階級緊緊包裹起來的形象似有
千里之遙。巴特一開始就向裝模作樣的資產階
級人士顯示義憤，他們看不起大眾角力，因為
它不是體育，就像拳擊和柔道。巴特反擊說，
角力不是體育但是它是好戲。它具有極大的觀
賞性，讓情緒毫無保留發泄出來。巴特還暗示
他並不是稀客。每一個角力士都是一齣戲中的
一個人物，巴特說，每人都代表一個誇張的符
號。比如福樊（Fauvin），一個五十歲的胖
子，詭計多端、殘忍又懦弱，他的一身肥肉，
活生生就是卑鄙的化身。他就是「壞蛋」
（salaud），是雜種、章魚，招致厭惡，令人作
嘔。公眾叫他la barbaque，臭肉。巴特注意
到，有一些角力士是偉大的喜劇家，用他們誇
張極度的戲劇技巧，叫觀眾樂不可支。

　　巴特認為上述角力是一種表現「善」與

「惡」，以及受難、失敗和公正的戲劇。它歸根
到底是彰示公正，讓背信棄義和社會不公之類
原形畢露。但是巴特也說，這一類大眾戲劇遠
不是如此簡單化，一本正經。他發現有一回角
鬥到最後竟成了一種巴洛克式一片混亂的結
局，奇形怪狀漫無節制，規則、章法、裁判譴
責、場地的限制，悉盡不在話下。他們全都陶
醉在一種「凱旋的無序」中，很快瀰漫全場，
席捲了東倒西歪的角力士、副手、裁判，以及
觀眾[31]。

　　澳大利亞學者約翰・道克（John Docker）
在他的《後現代主義與大眾文化》一書中，認
爲巴特在〈角力的世界〉中看到的大眾觀眾津
津樂道「一種凱旋的無序」、「巴洛克式的一
片混亂」，以及「奇形怪狀漫無節制」，與他的
結構主義方法發生了衝突。因爲不論是在社會
還是在文化之中，結構主義致力於探究確定無
疑的可予辨明的結構，而不是一片混沌的異化
概念，唯此可以期望走近科學，給出科學的知
識。《神話學》便是此類結構主義方法的一篇

宣言，如巴特一九七○年版序言中所言，他是
試圖在廣告、角力比賽或雜誌照片中尋找出潛
在的力量結構，這就是「資產階級的規範」。
所以很叫人懷疑：撇開巴特的現代主義自我不
談，他果真迷戀角力，並且從中得到快感了
嗎？這一快感是不是作為意識形態濫用，而給
壓抑了、位移了？

　　同是一九五七年還出現了另一部劃時代的
著作，這就是理查‧霍加特（Richard Hoggart）
的《文化的用途》。霍加特是個訓練有素的文
學批評家，受李維斯傳統影響，但沒有李維斯
的保守。當時F. R. 李維斯已是滿腹牢騷人盡
皆知，且疑神疑鬼猜忌他先時的大半追隨者，
對現代世界和批評的狀態極度悲觀。但是霍加
特近似《文化與社會》中的雷蒙‧威廉斯
（Raymand Williams），近心使用李維斯文學批
評的文本細緻分析方法，卻不局限於文學作
品。這一方法後來叫做「左派李維斯主義」。
具體說，於《文化的用途》中，霍加特使用了
《小說與閱讀公眾》裏Q. D. 李維斯倡導的民族

誌（ethnography）方法。所謂民族誌是一種實
地調查研究方法，又譯爲人種學，主要來源於
人類學研究。民族誌的方法試圖進入一個特定
群體的文化內部，「自內而外」來展示意義和
行爲的說明。這當然需要付出艱辛的勞動。

　　後來成爲伯明罕文化研究中心奠基人的霍
加特，本人在英格蘭北部利茲的一個工人階級
社區長大。與伯明罕中心的其他研究人員相
似，霍氏長期從事成人教育，對社會中下層階
級的熟悉程度，非一般知識分子可以比肩。
《文化的用途》第一部分中，霍加特回憶了工
人階級生活的往昔時光，以自己的童年和家庭
予以重構。霍加特說，這是一種家庭和鄰里的
文化，側重口頭傳統、有最好的英國清教風
習，能感知世界突出個人和具象事物。這樣一
種文化屬於工人階級，而不屬於那些淩駕於他
們之上的人，如雇主、公務員、教師和地方長
官等。

　　霍加特說，他並不是意在把過去理想化，
例如他提出，工人階級的宗教和政治觀念充滿

偏見，一半是眞，一半是假。但是在工人階級
大眾自得其所的領域，他們個人的、感性的世
界中，他們的交談就像小說家，每一種軼聞都
給描述得繪聲繪色，一大串的明知故問、加油
添醋、故作停頓、抑揚頓挫。工人階級大眾本
身就是「戲劇家」。他們交談中的主導價值是
友誼、得體的熱情、直截了當、豪放坦誠。適
因於此，工人階級大眾可以是天眞無邪的，一
旦訴諸他們自己的價值，就像嬰孩一般幼稚，
就像廣告的目標所向。所以他們也容易受到欺
騙。

　　就霍加特對工人階級所作的一系列評價來
看，被認爲依然還是屬於舊式的高高在上的李
維斯主義，很難說就擺脫了居高臨下的態度。
他發現工人階級普遍抱有一種享樂主義的人生
觀，可以上溯到喬叟的巴斯婦、莎士比亞的小
丑和笛福的摩爾・弗蘭德絲。工人階級大眾喜
愛花花綠綠的色彩，喜歡巴洛克和怪誕作風，
而且大多數工人階級的快感趨向於成爲大眾快
感，即每個人「要求在同一時間得到快樂」

[4]。這很使人想起巴特大眾角力中所見的奢好熱鬧、誇張、奇形怪狀的傾向。

　　比較過去，霍加特發現差不多就是從光明走向黑暗；從精神的夏天走向冬天；從文化的豐盛走向貧瘠。他認爲新的大眾傳媒靠裝模作樣討好工人階級，目的卻是來操縱工人階級。尤其使人擔憂的是，新的大眾文化所產生的代溝差異。電影對年輕工人具有危險的吸引力，招致他們總是偏愛現實和將來，不要過去。新傳媒目光緊盯住年輕人，就像廣告所示，它們展示的是美國人的神話，酷愛搖擺舞和爵士樂，結果是走向一種光鮮明麗的野蠻主義，一種新的空洞。總之，霍加特結論說，新的大眾出版物、電影、廣播、電視，以及鋪天蓋地的廣告，是在工人階級之中鼓動一種無意識的統一性，一種高度的被動接受性。但是工人階級有他們自己的抵制方式，其文化形式表現爲諸如工人俱樂部、歌唱風格、銅管樂隊、老式雜誌，以及投擲、骨牌這類團體遊戲。這裏依然是嬉笑怒罵，皆大歡喜。

　　霍加特一九六四年成為伯明罕大學當代文
化研究中心的第一任主任。中心在他的繼任者
霍爾主持下，特別是在一九七○年代，成為舉
世矚目的新理論中心。霍爾和受他影響的保
羅‧威里斯（Paul Willis）、理查‧約翰遜
（Richard Johnson）、安吉拉‧麥克洛比
（Angala McRobbie）、迪克‧海布迪基（Dick
Hebdige）等人，繼承了霍加特對工人階級文
化的民族誌研究興趣。但是，一九七○年代伯
明罕中心面對的戰後世界，已大不同於霍加特
經歷到的一九五○年代。這個世界見證了如火
如荼的學生抗議和激進批判，還有婦女解放、
同性戀解放、反種族歧視。這是《文化的用途》
的世界聞所未聞的。這類抗議和批判的登峰造
極，便是一九六八年五月巴黎風起雲湧的學生
造反運動。

　　伯明罕中心依然能感受到下層階級文化生
活中的抵制情緒，著名的例子有迪克‧海布迪
基一九七九年的《次文化：風格的意義》，以
及它給出的一系列黑人宗教、時尚、頹廢男

孩、搖滾樂手、光頭、龐克等等。這一類次文化誠如霍加特呼喚昔年的工人階級文化，引發的是活生生的文本，便於作細緻分析。但海布迪基和伯明罕中心如今重視的是符號學的文本分析方法，將目光投向索緒爾、俄國形式主義和巴特。海布迪基認爲這類抵制性的次文化，總是受到市場生產的商業娛樂的威脅。它吸收了抵制的模式和風格，由此將它們融合在主導意識形態之中。商業主義稀釋並且摧毀了次文化的眞正反抗抵制。

我們再來看霍爾題爲〈文化、傳媒與「意識形態」效果〉的著名文章。霍爾是伯明罕一九七〇年代的頂尖人物，他的名聲不是基於他自己的哪一本書，而是在於交織在熱烈論爭之中的文章和文集序言。與霍加特不同的是，霍爾充分肯定了大眾傳媒的重要性。他指出，它的現代形式最初是出現在十八世紀，是隨著文學市場的發展興起，然而，藝術產品卻成了商品。霍爾這裏給了李維斯保守傳統當頭一棒，認爲它是把十八世紀理想化，而不是把它看作

開啓了市場王國的魔鬼力量。到二十世紀，大
眾傳媒對文化和意識形態領域的殖民是如此成
功，它一舉奠立了領導權、霸權和統治地位。
傳媒現在的責任是向集團和階級提供關涉到他
們自己的生活，和其他集團生活的形象、資訊
和知識。於是，它交織在我們彷彿是眼花撩亂
的現代生活總體之中。

　　但不同於法蘭克福學派的一般作風，霍爾
非常敏感於觀眾之有可能用他們自己的方式給
「統治話語」（dominant discourse）解碼，認爲
觀眾的反應未必一定是機械的，就像阿多諾和
霍克海默判定的那樣。統治意識形態用選定的
意義來編碼，將往來事件的解釋公布於世，彷
彿它們是自然的、理性的。觀眾可用以反抗霸
權的方式來解碼。但是霍爾審度下來，發現觀
眾並沒有這樣做。他們通常不知不覺就接受了
統治階級派定下來的意義。觀眾確實感到在以
自己的方式解碼，但是這類解碼通常不過是統
治代碼內部的談判協商而已。

　　傳媒因此是一個結構有序的意識形態領

域，一個複雜的統一體。霍爾說，在葛蘭西看
來，各種統治意識形態固然亦會互相抗衡和競
爭，但是總體上看，借用阿圖舍（Louis
Althusser）的話說，傳媒是被結構在統治支配
之中。

## 第三節　質疑大眾文化批判理論

　　就前面李維斯，甚至包括霍加特在內的懷
舊憂思來看，用雅克・德希達（Jacques
Derrida）解構理論的術語來說，當是邏各斯
中心主義的一個範例。《論文字學》中解構盧
梭時，爲說明「補充」（supplement）的邏
輯，德希達舉過自然和文化的例子。自然和文
化，德希達說，這是一個比較柏拉圖傳統更爲
悠久的二元對立。歷史上，許多哲學家和文學
家都堅信遠古時代，人類是生活在一種無憂無
慮的自然狀態之中，這就是所謂的黃金時代。
唯因極端貧乏的物質條件，和這樣那樣的一些

原因，才逐漸群居，開始了社會化即文化的進程。故人類的進化和發展史，乃是文化對自然進行補充的歷史，而且這情形沒有持續太久，到後來這晚到的文化，乾脆就反客爲主，替代了那先已存在的自然。要之，文化作爲一種補充，它的功能機制就體現在兩個方面：一爲添補；二爲替代。這也是爲其他二元對立所不斷重複的一種補充機制。諸如善與惡、健康與疾病、客體與表象、言語和文字等等，其中的第一項均是先而有之，第二項是繼而來之，成爲第一項的補充。誠如語言的歷史上，向來認爲人類是先有語言這一直接的交流方式，然後文字才漸漸出現，補充了言語轉瞬即無蹤影，不能留下形跡的缺陷；惡也是對善的一種補充；疾病是對健康的一種補充；表象是對客體的一種補充，如此等等，不一而足。當盧梭稱古代的城市用鮮活的言語進行交流，故是自然的象徵，而現代的都市成爲文字的一統天下，故是文化的象徵時；當他痛心疾首視文字爲一枚指標，且專門指示自然被文化污染的程度時，毫

無疑問的，乃是將自然高架於上了。

　　但是，眞有那一類原生原發、渾樸天成、未經任何「補充」的「自然」存在嗎？德希達的答覆是斷然否定的。他認爲未經補充機制影響的自然，沒有眞值，它不過是人們的一種願望，或者說創造出了一種神話罷了。因爲自然內部先已存在了「文化」的機制，它總是一種先已經過「補充」的存在了。以上述德希達的解構主義邏輯來觀照大眾文化，似乎人也同樣可以說，包括民間文化在內的純而又純的高雅文化，其實從來就沒有存在過，高雅文化從它誕生的第一天起，自身內部就蘊含有大眾文化的因素了。

　　大眾文化批判理論一般認爲至少有兩點可以提出疑問。第一是這一理論在今天更多的文化理論家看來，對社會和文化的變革沒有作充分瞭解。換言之，大眾文化批判理論列數並且批判了大眾文化的現象，卻沒有能夠解釋這些現象的產生，這說明首先它對自己的批判對象就缺乏瞭解。這自然也就影響到這一理論的批

　　判力。僅僅說大眾文化是工業化的後果是不夠
的，兩者之間更爲深入具體的各方面關係，還
遠遠沒有說清。

　　　　第二個質疑更要尖銳一些。大眾文化批判
理論在一些反批判者眼中，是表現了某些知識
份子集團中的怨言，而怨言的起因是大眾文化
以及這文化帶來的大眾民主，對這些集團歷來
享有的特權構成了威脅。突然之間，他們發現
自己作爲文化教育者和趣味仲裁者的權威地
位，開始動搖起來。在一個壁壘森嚴的等級社
會中，文化標準和趣味仲裁的產生及維護，是
爲知識精英加以施行的。他們的判斷既適用於
優勢和特權階級，也適用於地位謙卑、有自己
的通俗文化，對高雅文化則是敬而順之的大眾
階級。但是大眾文化威脅了這一等級。統治階
級參與了大眾文化的生產，但是在大眾文化的
策略制定過程中，並不在意知識分子確立的趣
味標準。大眾文化一旦成爲消費產品，很自然
就爲市場規律左右，大眾不必再仰仗知識分子
的趣味標準來欣賞和享用他們的文化產品了。

　　一個典型的例子是英國社會學家斯特里納蒂（Dominic Strinati）一九九五年出版的《大眾文化導論》中，對上述F. R. 李維斯傳統，以大眾文化吞沒高雅文化和民間文化式懷舊情緒的責難。作者指出，像這樣一個被觀念化了的「黃金時代」，其間高雅文化和民間文化穩穩坐定著它們的位置，很難說不是文化批判理論本身的一個有機組成部分。要之，我們就應當來質問這一理論是不是高估了過去，低估了現實。懷舊所寓示的今不如昔結論，當然並不限於大眾文化理論，但問題在於這裏標舉的過去，觀念殊為含糊。首先，像大多數黃金時代的神話一樣，它在歷史上和地理上都很難加以定位，它是指大眾文盲的那段好時光嗎？墮落又是從什麼時候開始的？是始自大眾文化商業市場的出現嗎？是始自現代大眾傳媒的興起？還是好萊塢電影的一統天下？抑或電視進入家家戶戶？或者這一切都怪罪於該死的美國佬？總之，黃金時代本身是一種文化建構，它講述的是現在而不是過去的故事。

　　李維斯觀點的影響不用說遠遠超出了李維
斯本人，對此英國馬克思主義批評家特里・伊
戈頓（Terry Eagleton）在他〈什麼是共同文化〉
一文中也有議及。伊戈頓認為李維斯追緬「有
機」社會，以當代商業語境中的文化建樹，只
能有少數洞燭幽微的精英分子為之的看法，是
典型的十九世紀自由人文主義的延續，而大眾
文化的發展勢頭，既終結了阿諾德文化傳統中
階層森嚴的保守主義，也終結了李維斯式依靠
少數幾個正人君子，在一成不變的非個人社會
中維繫個人發展的自由主義。進而論之，大眾
文化批判理論在大眾文化和高雅文化之間劃分
的界限，似也大有檢討的餘地，因為這界限並
非如這一理論所說的那樣清楚明白而且穩定。
相反的，它始終在變化、位移，在被重新界
定。如李維斯將電影排除在他所說的嚴肅文化
形式之外，但即便在一些大眾文化批判家看
來，電影也滿可以是一種藝術，像埃森斯坦的
作品。另外相當一部分爵士音樂在今天早已被
當作藝術欣賞，但爵士樂在半個世紀之前被批

判理論和法蘭克福學派斥責為大眾文化的典型形式。希區考克在好萊塢系統內製作商業影片，但是很少人懷疑他是極有創造天才的藝術家。早期的一些搖滾樂被音樂批評家視為喪失理智的胡言亂語，但是隨著趣味的演變，如今卻煥然已成經典。諸如此類例子，顯然是不勝枚舉的。

　　大眾文化存在的問題，作為此一反思的結果，因此被認為總是「其他人等」眼中的問題，不論這些「其他人等」是知識分子、政治家、道德家，還是社會改革家。蓋因在這些高等階級看來，大眾本應當將消費在大眾文化上面的時間，花到更多啟蒙意識、更有價值的活動上去。就像Q. D. 李維斯上面所說，讀者要不是受流行雜誌的衝擊，本來是可以來讀英國文學偉大傳統中的哪本小說的。對於麥克唐納而言，觀眾最好是去劇場，再不然就是欣賞無聲的前衛影片，而不是在好萊塢的主流電影裏廝混。這一類觀點，斯特里納蒂認為至少是有三種含義：

　　首先是大眾文化剝奪了時間和精力，而這
些時間和精力本應是用在更有建設性、更
有用的追求上面去的，如藝術、政治或更
新萬象的民間文化。其次是大眾文化確鑿
無疑對其觀眾施與了有害影響，使他們麻
木不仁、衰弱且失卻抵抗力，如此成為控
制和剝削的犧牲品。此一論點的第三種內
涵，因此是壞的大眾文化趕走了好的文化
——民間文化和藝術。[5]

　　斯特里納蒂認為，對大眾文化的這些非
難，關係到一系列價值標準的判定，如大眾應
當消費何種文化？應當喜歡哪些通俗文化，不
喜歡哪些通俗文化？又是什麼使一些人可以將
他們的判斷加之於另一些人的趣味之上？等
等。因為趣味和風格是社會和文化所決定的，
它們具有非常具體的歷史和社會內涵，並不存
在哪一種一成不變的普遍模式或者說客觀理
性，來規範審美判斷。所以談到決定大眾文化
和文化趣味標準的力量時，斯特里納蒂認為並

不僅僅限於由大眾文化產業表出的經濟和政治
力量中間，雖然它對於整個文化進程的任何一
種充分的說明，都是至爲重要的。決定大眾文
化和趣味標準的力量，同樣也包括了知識分
子，以及觀念和意識形態的製造者，包括他們
爲文化定位制定的界限，告訴人應當喜歡什
麼，和不應當喜歡什麼。雖然知識分子和意識
形態在這裏的作用未必像經濟和政治力量那樣
舉足輕重，但是它們肯定是不容忽視的一個方
面。由是觀之，大眾文化由上層社會制定的意
識形態，毫無疑問是影響了大眾文化觀眾們的
趣味判斷，包括他們樂此不疲的大眾文化形
式。所謂文化趣味的高下之分以及由此引出的
種種矛盾，看來都還得在這一語境中來加以分
析。

　　談到對大眾文化的辯護，一個不能不提的
人物是有「後現代大祭司」之稱的法國思想家
布希亞（Jean Baudrillard）。布希亞曾受巴特
影響，致力於用符號系統來解釋當代社會，一
九六八年他的處女作《物體系》，就是直接在

巴特影響下完成的。但是不同於巴特持有的大
眾文化是產業製作,目的是為追逐市場利潤的
觀點,布希亞一九七〇年出版的《消費社會》
一書中,提出大眾文化與其說是將藝術降格為
商品世界的符號再生產,不如說它是一個轉捩
點、終結舊的文化形式,而將符號和消費引入
自身地位的界定之中。所以,傳統批判理論指
責大眾文化被框定在極度的消費主義之中,風
格是千篇一律的刻板單調、平庸陳腐,和無的
放矢,因為在這一方面正是體現了現代文化的
真正邏輯。如在談到大眾文化的重要組成部分
普普藝術(pop art)時他說,普普不僅意味著
透視畫法的終結、現象再現的終結、記述的終
結和積極創造者的終結,它更是顛覆世界的終
結和反傳統藝術的終結。普普鋒芒所向,不僅
針對著文明世界的內在痼疾,也針對著它與世
界的完整整合。說到底,普普藝術實在是野心
不凡,它旨在推翻整個文化的儀式及其基礎,
推翻超驗存在的儀式及其基礎。布希亞以此種
超驗的存在極有可能就是一種意識形態,要

之，大眾文化就不復是批判理論所說的意識形
態的御用工具，它反過來就成了對意識形態的
一種挑戰態勢。

　　是呀，爲什麼研究大眾文化？這個問題的
答覆以前多半是負面的：在於揭露大眾文化道
德上的腐朽、美學上的貧乏，以及與統治階級
狼狽爲奸，甘做統治意識形態的代理人。這類
觀點乃爲李維斯學派的看法，而且在馬克思主
義批評家中間也同樣流行，如阿多諾和法蘭克
福學派其他成員的文化工業批判。但是，歷史
開了一個玩笑，我們發現在，過去的四分之一
世紀中，電影、流行音樂、體育、青年人的次
文化，以及其他諸如此類的研究一路發展下
來，如今都堂而皇之登堂入室，理論和方法均
有神速進展，論爭已不復糾纏在李維斯的幽
靈，抑或法蘭克福學派烏雲密布的預言之中。
同樣重要的是，大眾文化不再是廣泛被指爲是
遭「高雅文化」排斥在外的大雜燴，其間鮮有
共通之處；相反，今日會聚在大眾文化大旗之
下的形形色色文化實踐，更經常被視爲有著相

互社會和政治背景上的相互聯繫。大眾文化是
一種政治參與姿態，它不僅是認同現存的社會
結構，更潛伏了對既存秩序的顛覆可能性，然
而毫無疑問地，後者是大眾文化價值中更重要
的一面。

# 註　釋

[1] F. R. 李維斯，〈大眾文明與少數人文化〉，見L. 約翰
生：《文化批評家》，倫敦，路特勒基和柯根·保羅
出版社，1979年，第96頁。（F. R. Leavis, Mass
Civilization and Minority Culture, in L. Johnson, *The
Cultural Critics*, London: Routledge and Kegan Paul,
1979.）

[2] 麥克唐納，〈大眾文化理論〉，見B. 羅森堡等編：
《大眾文化》，格倫科，自由出版社，1957年，第72—
73頁。（D. McDonald, "A Theory of Mass Culture", in
B. Rosenberg and D. White eds., *Mass Culture*, Glencoe:
Free Press, 1957.）

[3] 羅蘭·巴特，《神話學》，倫敦，1979年，第23頁。（
Roland Barthes, *Mythologies*, London: Paladin, 1979.）

[4] 理查·霍加特，《文化的用途》，哈蒙茲沃斯，1963
年，第144頁。（Richard Hoggart, *The Use of Literacy*,
Harmondsworth: Penguin, 1963.）

[5] 斯特里納蒂，《大眾文化理論導論》，倫敦，路特勒
基出版社，1995年，第42頁。（Dominic Strinati, *An
Introduction to Theories of Popular Culture*, London,
Routledge, 1995.）

# 第三章
# 法蘭克福學派批判理論

## 第一節　法蘭克福學派文化工業批判

　　法蘭克福學派對文化工業的批判，是大眾文化批判理論中最重要，也是影響最為深廣的組成部分。學派得名於一九二三年，在德國萊茵河畔城市法蘭克福成立的法蘭克福大學社會研究所。它的第二任所長就是德國著名哲學家馬克斯·霍克海默，霍克海默創辦了《社會研究雜誌》（Journal for Social Research），他的名字本身也成了嗣後影響深遠的批判理論的代表。一九三三年希特勒執政後，社會研究所先

後遷到日內瓦、巴黎和美國，一九四九和一九
五〇年間社會研究所遷回法蘭克福。法蘭克福
學派的形成，基本上是二次大戰以後社會研究
所從美國返回德國後的故事。一九七六年，英
國新左派史學家佩里‧安德森（Perry
Anderson）在他的名著《西方馬克思主義探討》
一書中，已經注意到他在此書中予以命名的
「西方馬克思主義」，其典型的研究對象並不是
國家和法律，而是文化。而在文化的領域內，
最引人注目的無疑是一種強烈的批判精神。安
德森把柯西（Karl Korsch）、盧卡奇（György
Lukács）、班傑明、葛蘭西、馬庫色（Herber
Marcuse）、阿多諾、沙特（Jean-Paul Sartre）、
戈德曼（Lucien Goldmann）、阿圖舍等人都列
在了這個名單之中，我們可以發現，其中的班
傑明、馬庫色和阿多諾，都是法蘭克福學派的
核心人物。

　　法蘭克福學派的文化工業理論，歷來被視
為大眾文化的一個理論基點。以至於不乏有人
說，不讀法蘭克福學派的著作，就沒有資格來

談大眾文化。從總體上看法蘭克福學派對文化
工業持堅決批判的態度，而且這一批判的傳統
經結構主義、符號學、阿圖舍意識形態理論等
等，像葛蘭西的霸權理論一樣，明顯已經長入
今日方興未艾的女性主義和後現代主義文化理
論。

　　從歷史上看，法蘭克福學派對大眾文化的
分析和批判有它特定的社會基礎。二次大戰期
間，遷居美國的法蘭克福社會研究所，有相當
時間是紮營在紐約，它的另一些成員則去了洛
杉磯，包括好萊塢。戰後，一方面研究所同它
的一些領袖人物，如霍克海默和阿多諾等一起
遷回了德國，一方面一些成員留在美國，或者
同研究所的理論和政治立場分道揚鑣；或者是
進一步拓展了社會研究所的理論批判傳統。後
者最明顯就是馬庫色，他將研究所對現代社會
的分析批判，用到了戰後美國的資本主義社會
上面。這樣來看法蘭克福學派對大眾文化和大
眾傳媒的分析，納粹德國的法西斯社會和戰後
美國的壟斷資本主義消費社會，就是提供了兩

個最爲典型的語境。

　　霍克海默對大眾文化已抱明顯的批判態
度，如收入一九六七年出版的霍克海默著名文
集《批判理論》中的〈現代藝術和大眾文化〉
一文，就集中闡述了藝術同大眾文化的不和諧
關係。作者指出，資本主義社會強加給人的束
縛，既然必定要引起反抗，這反抗同樣見於已
經變得個人化的藝術領域。藝術作爲超越現實
世界的精神產品，具有一種烏托邦性質，它能
夠喚起人對自由的回憶，而使流行的標準顯得
偏狹和粗俗。反之，大眾文化不過是工業社會
的快感文化，對於兒童而言，它是用「順應」
的原則替代了惡名昭彰的奧底帕斯情結
（Oedipal complex），個人生活轉變成爲連最細
微處也受到管理的常規程式。故大眾文化使人
喪失對藝術的理解能力，因爲藝術表現的是另
一個世界，就像喬伊斯和畢卡索的作品所示。
這也可以解釋現代藝術的怪誕和不和諧形式，
因爲內中的意識是從社會中分離出來的意識。
總之，在現代資本主義條件下，大眾性與藝術

生產的具體內容和眞理沒有任何聯繫了。

　　但法蘭克福學派中對大衆文化批判最爲激烈，影響也最爲深廣的是阿多諾。「文化工業」（culture industries）是阿多諾用得最多的術語，在法蘭克福學派的批判理論（critical theory）中，它基本上是大衆文化的代名詞，理由是大衆文化整體上是一種大雜燴，它是自上而下強加給大衆，所以是一種文化工業。阿多諾認爲，文化工業在大衆傳媒和日益精巧的技術效應的協同下，大事張揚戴有虛假光環的總體化整合觀念，一方面極力掩蓋嚴重物化的異化社會中主客體間的尖銳矛盾，一方面大批量生產千篇一律的文化產品，來將情感納入統一的形式，納入一種巧加包裝的意識形態，最終是將個性無條件交出，淹沒在平面化的生活方式、時尙化的消費行爲，以及膚淺化的審美趣味之中。文化工業，由是觀之就是一場騙局，它的承諾是虛僞的；它提供的是可望不可及的虛假的快樂；它是用虛假的快樂騙走了人們從事更有價値活動的潛能。阿多諾這樣描述文化

工業的後果：

> 文化工業的整體效果是種反啓蒙的效果，
> 就像霍克海默和我注意到的那樣，其間本
> 應是進步的技術統治的啓蒙，變成了一場
> 大騙局，成為束縛意識的桎梏。它阻礙了
> 自主的、獨立的個性發展，這些個性本來
> 是很明智地為自己作出判斷和決斷的。[11]

關於文化工業的反啓蒙的特點，阿多諾指
出啓蒙運動倡導的科學和理性進步的信仰，在
大眾文化的時代已經變成了一場噩夢。科學和
理性反過來成為扼殺人類自由的幫兇，它使本
來是彷彿近在眼前的人類解放，一下子變得遙
遙無期起來。因為說到底，文化工業乃是一種
商品拜物教（commodity fetishism）的結果，
其產品從一開始就是為了交換和銷售而生產，
並不考慮到真正的精神需要。

值得注意的是，阿多諾時而還強調他的文
化工業概念不完全相同於大眾文化的概念，認
為後者當中，大眾對他們所消費的文化到底還

是有所反應，所以可以根據自己的趣味所好，
來作取捨定奪。反之，文化工業則是從上到下
強加給大眾，表面上看，把大眾款待得彷彿專
爲他們貼身製作，實際上是在灌輸統治階級意
識形態的標準化了的形式和情感。阿多諾的這
類看法很明顯染有葛蘭西霸權理論的色彩。再
往前看，我們還不會忘記李維斯對民間文化和
大眾文化的對照分析。有意思的是，當初李維
斯派定給民間文化的自足性、自主性那些特
徵，現在阿多諾是多多少少轉派給了大眾文
化，同樣李維斯認爲大眾文化所帶有的強制性
和壓迫性的霸權特點，則由阿多諾更爲痛心疾
首地發現在文化工業之中。兩相比較可以發現
一些耐人尋味的東西，這並不僅僅是理論批判
中經常出現的厚古薄今的故事。

　　一九四四年出版的阿多諾和霍克海默合著
的《啓蒙辯證法》一書中，阿多諾強調說，他
所說的文化工業概念，是指它的所有分支，所
有彷彿是爲大眾貼身製作的產品，都是有計劃
在先的。大眾文化的分支是千篇一律的，至少

彼此之間契合緊密，共同構成了一個差不多是
天衣無縫的總系統。使這一切成爲可能的是當
代技術的飛速發展，以及經濟和管理的長足進
步。文化工業是處心積慮在將消費者納入它的
統一框架。它沒有疑問是在悉心探究千百萬大
眾的意識和潛意識狀態，但大眾在文化工業中
佔據的其實不是主位而是客位，他們不是機器
的主體而是附件。消費者並非如文化工業鼓吹
的那樣煥然就是皇帝，他們不是主體而是對
象。

　　阿多諾進而指出，文化工業生產什麼商
品，取決於這些商品能夠實現什麼市場價值。
利潤的追逐決定了文化形式的性質。文化工業
的過程是一種標準化的過程，其產品就像一切
商品那樣同出於一個模式。另一方面，這些產
品又有一種似是而非的個性風格，彷彿每一種
產品，因此也是每一個消費者，都是適得其
所。結果很自然就是遮掩了文化工業的意識的
標準化控制。這是說，文化產品標準化的程度
越高，它似乎就越能見出個性。個性化的過程

反過來反倒蒙住了標準化的過程。阿多諾在此舉了好萊塢影星制度的例子，指出這個制度中人性越是扭曲，就越是有成功的希望，所謂懸念和個性等等，其實都是對變態人性的一種產業化炒作。

　　阿多諾認爲文化工業的作用是麻木心靈，強制推行資本主義的秩序。而這被強制灌輸給大衆的秩序，總是無一例外就是現存社會的秩序。這就是文化工業的意識形態，它替代了大衆的意識乃至潛意識，容不得任何出格的、不同的、反對的思想方式。故而文化工業是用謬誤替代眞理，用虛假的需要和解決辦法替代眞實的需要和解決辦法。就這樣它俘獲了大衆的心靈和意識。在滲透著權力結構的文化工業面前，阿多諾發現大衆實在是無能爲力的。文化工業因此毫無疑問就是削平個性，腐蝕大衆意識的東西。阿多諾復又舉例說，他聽說美國心懷叵測的片商曾講過這樣的話，就是他們的影片必須將十一歲的水平考慮進去。如是，阿多諾譏嘲說，他們完全就有可能把成人的智力降

低到十一歲孩童的水平。

　　文化工業因此在法蘭克福學派看來，是向大眾提供了一種「虛假的需要」。對此馬庫色在他一九六四年出版的《單面人》（或譯爲《單向度的人》）裏有專門分析。人本來是有眞正的需要的，這需要是創造的需要、獨立和自由的需要、把握自己命運的需要，也是實現自我和完善自我的需要。而這些眞正的需要之所以無以在現代資本主義社會中實現，作者指出，是因爲虛假的需要反客爲主，由特定的社會利益集團強派下來，施加在個人身上，否定了眞正的需要，由此造成壓抑和痛苦。虛假的需要是物質的需求，它們不是人的本性，就像被無限刺激起來的消費欲望，表面上看是投其所好，實際上卻是束縛了大眾的創造力和辨別力，使人們無以發覺自己是身患痼疾，從而錯過治療，終而是沈溺在鬱鬱寡歡之中。大多數流行於世的需要、休閒、享樂、廣告、消費等等，都可以歸入虛假需要的類型，其被當成眞正的需要而無止境追逐的結果，是造成個人在

經濟、政治和文化等等各個方面都爲商品拜物
教所支配，日趨成爲畸形的單一向度的人。

　　馬庫色強調虛假需要的滿足，是以犧牲不
得滿足的眞正的需要爲代價的。這是因爲他們
沒有意識到他們眞正的需要沒有得到滿足。虛
假的需要彷彿是凡有所求，便有所得。就拿自
由來說，資本主義社會中的人們以爲自己無比
自由，其實卻是自欺欺人。就自由這個詞在法
蘭克福學派的視域中來看，他們並沒有得到自
由，換言之他們並沒有成爲具有獨立人格的自
由人。相反他們的自由是限制在選擇不同的消
費品或是同一商品的不同品牌之間。當然還有
自由選擇看似不同，實質上如出一轍的政黨。
這些由廣告和議會民主提供的虛假需要的滿
足，壓抑了對眞正有用產品和眞正政治自由的
需要。如是一來，工人階級將不復對資本主義
制度的穩定和延續構成威脅。而在這些虛假需
要的生產和滿足中，罪魁禍首便是文化工業。

# 第二節　阿多諾的音樂理論

　　阿多諾對文化工業有過更爲深入的細緻分析，其中最著名的應無疑問是他對流行音樂的批判。阿多諾本人是個訓練有素的音樂家，不但多有理論建樹，而且作曲。這在西方音樂理論史上並不多見。西元六世紀，哲學史上有「最後一個羅馬人」之稱的波愛修（Boethius），在他後來對中世紀音樂理論影響深遠的《音樂原理》（De Institutione Musica）一書中，提出過感官作爲音樂的載體雖然不可或缺，眞正能夠欣賞和音奧妙的，還非理性莫屬。他的結論故此是——眞正的音樂家，不是演奏家，甚至不是作曲家，而是理論家，因爲唯有理論家熟諳音樂的數理法則。至於眞正的音樂家何以必然是理論家而不是演奏家、作曲家，波愛修也有獨到的解釋：演奏家有技巧、有本能，但對於音樂本身理解無多，是以只是

亦步亦趨的僕人；同理，作曲家生來會唱，卻
不是依憑思考和理性，而靠一種自然本能，他
無異於工匠，領略不到音樂爲理論方能企及的
那種難以言喻的美。理論家不消說就是他本
人，這有他自信必能流芳百世的著作爲證，無
需多加說明。但顯而易見阿多諾不是波愛修一
類學者，他對前衛音樂造詣尤深，非一般理論
家能夠企及，這也是他的音樂理論即便到今天
也依然流行不衰的原因之一。

　　阿多諾認爲流行音樂純然是文化工業的商
業製作，它有兩個特點：一是標準化；二是僞
個性化。比如說，流行歌曲外表上五花八門，
實質上卻是千篇一律，其唯一的追求就是挖空
心思玩弄所謂的技術效應。總之，它們愈益變
得就像某個核心結構的彼此間可以相互替換、
相互替代的不同部分。故標準化是指流行歌曲
如出一轍的相似程式，僞個性化是指它們之間
偶爾出現的一些差異。標準化顯示的是文化工
業如何在它生產的音樂中擠掉一切挑戰的、獨
創的和原生的成分。僞個性化則是埋下一個陷

阱，將本質上毫無個性的東西用競新鬥奇的外
觀給包裝起來，說穿了就是些改頭換面的把
戲。阿多諾認為流行音樂的這兩個特點很大程
度上是歸咎於文化工業的拜物教性質，其結果
必然導致聽眾鑑賞力的退化，這與日常生活中
文化工業教授給它們的順從態度，毫無二致。

　　阿多諾稱他對爵士音樂甚至有一種恐懼
感。他說，jazz（爵士）這個詞使他想起德文
中的hatz（獵狗），叫人聯想到張開血盆大口
的一群獵狗，在追逐一隻在劫難逃的小動物。
他指出爵士音樂不是在表達解放，相反，是鼓
勵被異化的個人認同他的文化現實。它沒有超
越異化，而是強化異化，是嚴格意義上的商
品。它是用集體代替個人幻想的假民主，其即
興式的演奏亦不過是在重複一些基本形式，是
一種道地的偽個性化。如果說爵士樂中還存在
什麼否定因素的話，那麼只可能存在於其中含
含糊糊的性的含義之中。就是爵士樂透露出來
的性的消息，阿多諾諷刺說，也是經過閹割了
的。

　　與流行音樂形成對照的是，阿多諾稱之爲
嚴肅音樂的古典音樂，特別是前衛音樂。後者
他認爲，每一個細節都表徵出作品完整的音樂
意味，又在整體中佔有它自己的獨特的地位。
這與流行音樂和輕音樂，是截然不同的。反
之，流行音樂中曲子的開端，可以爲無數其他
曲目的開端替代，它的每一個細節也都可以爲
其他細節替換，因爲它的功能不過就像機器上
的一個齒輪。但是說到底，嚴肅音樂和流行音
樂的區別，還在於它們的標準化和非標準化。
用阿多諾的話說，在貝多芬和優秀的嚴肅音樂
中，細節事實上包含了作品整體，而且把人引
向整體的展現，是根據整體的觀念演繹出來。
而在流行音樂中，整體和細節的關係是偶然
的，細節並不帶有整體的印記，整體就像一個
外加上去的框架。正因爲嚴肅音樂超越了文化
生產和消費的標準化特點，不屈從於文化工業
的商品拜物教，在阿多諾看來，它就成了難得
幾種向文化工業提出挑戰的態勢之一。
　　阿多諾特別鍾情現代前衛音樂。一九四九

年出版的《新音樂哲學》堪稱阿多諾音樂理論
代表作，作者開篇就說，此書應視爲《啓蒙辯
證法》的一個補充。這可見阿多諾是把他的音
樂理論，看作爲社會哲學探討的組成部分的。
誠如阿多諾社會哲學的母題，是拯救人對現實
的絕望，《新音樂哲學》中他一脈延承這個母
題，明確提出現代音樂可以作爲一個仲介，拯
救人對現實的絕望。他認爲傳統音樂，正從具
有文化工業特徵的音樂消費中衰亡，代之崛起
的則是對音樂與聽眾之間的病變現實作堅決否
定的前衛音樂，如以荀伯格（Arnold
Schonberg）、魏本（Anton Von Webern）和貝
爾格（Alban Berg）等人爲代表的維也納樂
派。前衛音樂之所以具有拯救絕望的作用，是
因爲它展示了一種現實尙無，但被期待著出現
的幻想圖式，使人類眞實的理性在作品中得到
實現。這理性是種超越的精神理性，與工業社
會中主宰日常生活的實用理性截然不同，它超
越了異化的現實，挽回了失去的希望。
　　一九二九年阿多諾在評論貝爾格的歌劇

《沃伊采克》時說，這部歌劇給每個人帶來真正的痛苦，但痛苦指向那超越痛苦的世界，人們正是透過進入這一痛苦，才有望擺脫漫長現實中無可避免的眼前的煩惱。換句話說，前衛音樂的表現語彙具有雙重意義，一方面它表現了現實的異化和煩惱；一方面同時又表現了現實背後的超驗圖式。這樣一種審美經驗，顯而易見與流行音樂給人的坐享其成的快感，是大不相同的。適因於此，阿多諾推崇荀伯格，而對史特拉汶斯基（Stravensky）不以為然。他甚至承認荀伯格的作品是紊亂的，是一些斷片，但是它們表現了社會中應當存在而沒有存在的那些東西。反之史特拉汶斯基沒有否定精神，對現實和傳統音樂一併肯定，熱衷古代題材，所以是因襲而不是創新。

　　回過來看流行音樂。流行音樂之流行不衰，阿多諾認為這是因為它的生產和消費是攜手並進的。而大眾對標準化產品的消費，說到底也是源出於他們所從事生產活動的標準化、機械化和重複化的枯燥性質。對此阿多諾說：

生產過程的力量跨越了表面上顯得「自由」
的時間空隙。大眾需要標準化和偽個性化
的商品，是因為他們的閒暇固然是工作的
一種逃避，與此同時又是如出一轍，籠罩
在日復日的工作世界無一例外造就他們的
心態之中。流行音樂對於大眾來說，永遠
是種公車司機的假日。因此，講今日流行
音樂的生產和消費之間早有默契在先，並
非言過其實。[21]

　　不但標準化，還有偽個性化。兩者雙管齊
下的結果，便是聽眾向生產過程拱手交出他們
寶貴的閒暇時光，在五光十色的偽個性中犧牲
創見和創意，導致聽覺的衰退。再往深看，藝
術鑑賞力的衰退還是小事，文化工業的典型產
品如流行音樂和好萊塢電影，在阿多諾看來，
還是一種麻醉劑和調和劑；調和大眾對社會的
不滿和怨憤，使之屈從命運，屈從於現存社會
的既定秩序。據阿多諾的分析，這並不是說流
行音樂和電影直接蒙蔽了大眾對自己現實處境

的不滿，它們也展示出幻想中花花綠綠的世
界，叫人很清楚自己的生活與之相隔有十萬八
千里。但與此同時，它們是一種宣洩渠道。這
裏用得上亞里士多德悲劇宣洩憐憫和恐懼兩種
情感的著名理論，流行音樂和好萊塢電影由是
觀之，便變相成爲一種發洩場所，聽眾和觀眾
的不幸和悲哀在此得到排遣，反抗的意志於中
消磨殆盡。所以毫不奇怪，流行音樂乃至整個
文化工業，就是資本主義制度的御用工具。

## 第三節　班傑明的不同聲音

　　法蘭克福學派中對大眾文化總的來看明確
持批判態度，但是抱不同觀點的也有人在，一
個著名的代表人物的就是班傑明。班傑明是猶
太人，在納粹上臺和社會研究所被迫遷出德國
之前，有一陣子班傑明爲《社會研究雜誌》頻
頻撰稿，與研究所關係密切，算得上是研究所
的一個「邊緣」成員。一九三〇年代班傑明僑

居巴黎。納粹入侵法國後，他想逃往西班牙，再穿過葡萄牙，漂洋避難美國。不料西班牙迫於法西斯壓力，剛好在那一天關閉邊境。就在邊境小鎮上，走投無路的班傑明吞下十五顆嗎啡製劑，死在巨大的痛苦之中。這一天是一九四○年九月二十六日。

　　班傑明本人可以說是一個典型的現代主義者。他不但一生顛沛流離，著述也撲朔迷離，很難定性。他推舉過無政府主義和超現實主義，讚揚布萊希特（Brecht）的劇作又反對布萊希特對現代派文學的保守看法，此外從猶太神秘主義到法蘭克福學派的主流思想，他的文字都曾經捲入其中。對於進步、文化傳統、技術和大眾社會等等，班傑明亦經常有出人意表的不同看法。

　　關於二十世紀的大眾文化特徵，班傑明在寫於一九三六年的〈機械複製時代的藝術作品〉一文中有清楚描述。文章本身可視為對阿多諾和霍克海默文化工業理論的一個答覆。因為它截然不同於李維斯傳統和法蘭克福學派對大眾

文化的悲觀主義立場。班傑明指出，人民大眾
所喜愛的藝術，是一種自然而然的集體經驗。
這種集體的快感可見於公共建築、前資本主義
時代的史詩，以及當代的電影欣賞之中。他認
爲技術的進步直接關涉到藝術的進步，而技術
則促進藝術直接參與階級鬥爭，成爲政治鬥爭
工具的各種手段、媒介、形式、技巧，如對報
紙、廣播、攝影等大眾媒介的利用，和布萊希
特敘事劇中的間離技巧，以及電影的蒙太奇手
法等等。所以，對於作爲生產者的藝術家來
說，技術的進步也就是他政治進步的基礎。這
些觀點，使班傑明成爲法蘭克福學派中難得對
大眾文化持肯定態度的理論家。

關於藝術，班傑明提出對藝術作品的接受
有兩種不同的側重方面，一種側重於藝術品的
膜拜價值，這是傳統藝術；另一種側重於藝術
品的展示價值，這是現代藝術。現代藝術作爲
機械複製時代的產物，日漸成爲供人觀賞之
物，而且它們也總是製作得適宜於展示。這很
顯然是種大眾文化。作品不復具有神聖性和神

秘性，越來越接近日常生活，滿足著大眾展示
和觀看自身形象的需要，照相和電影就是明顯
的例子。班傑明對照相的描述很可以見出藝術
作爲大眾文化的一些特點：

> 世界歷史上，機械複製第一次將藝術作品
> 從它對藝術的寄生依賴中解放出來。更進
> 而言之，被複製的藝術作品成為構思出來
> 以供複製的藝術作品。比如説，一張攝影
> 底片，可以沖印出無限數量的照片，要確
> 定哪一張是「權威的」照片，已是毫無意
> 義的事情。[3]

班傑明的看法是複製技術恰恰是滿足了現
代人渴望貼近對象，透過佔有對象複製品來佔
有對象本身的欲望。於是，眾多的摹本代替了
獨一無二的存在，被複製的對象恢復了青春。
所以傳統的大崩潰是勢在必然的。

同攝影相似的還有電影。事實上在機械複
製時代的藝術中，班傑明最爲推崇的就是電影
這門新興藝術。他認爲電影展示了異樣的世界

和視覺無意識，電影的特徵不僅在於人面對攝
影機如何表演，而且在於人藉助攝影機表現了
客觀世界。電影以佛洛伊德心理學可加解釋的
方法，豐富了大眾的觀照世界，不但在視覺，
而且在聽覺方面也導致了對感官的深化。電影
展示的場面較繪畫精確得多，而且可從多種視
角來加以分析。特別是它表現出藝術和科學兩
相結合的特點，對此他甚至上溯到文藝復興，
認為現代技術給藝術帶來的進步，正像達文西
繪畫中滲透了解剖學、透視學、數學、氣象學
和色彩學。總之，電影不失為人類藝術活動中
的一次革命。

　　班傑明反對所謂大眾文化的快感是種被動
的娛樂，讀者和觀照無以進行思考的流行觀
點。他指出，大眾觀眾並不純然是無意識、麻
木不仁、對銀幕上的東西不作分析、全盤接受
的。對於電影、觀眾反應和心理分析三者之間
的關係，班傑明表明了他毫不掩飾的肯定態
度，認為電影是開拓了潛意識的深層次感知，
而不是令這感知空空洞洞。這些看法，與阿多

諾尖銳抨擊文化工業的批判立場，是大不相同
的。正因為一九二〇年代起對大眾文化基本上
是一面倒的聲討中，班傑明發出了他與眾不同
的獨特聲音，所以毫不奇怪，自一九五〇年代
起經阿多諾等人編輯出版了班傑明的好幾本文
集和書信集後，很快就使班傑明聲名大振，形
成了人所謂的「班傑明復興」。


## 第四節　對文化工業理論的反思


　　　對法蘭克福文化工業理論進行質疑是比較
晚近的事情。即便質疑，但法蘭克福學派對文
化工業所抱的敵視和憂慮態度中，那一種對晚
期資本主義文明的深刻批判精神，以及強烈探
求用文化救贖人生的使命感，每每思量下來，
也難叫人等閒視之。應當說這批判許多方面並
非言過其實。因為即使在今天，法蘭克福學派
文化工業批判的現實意義，也是顯而易見的。
仍舊以阿多諾耿耿於懷的好萊塢話題來說，二

○○○年囊括奧斯卡最佳影片、最佳導演、最
佳男主角、最佳原創劇本和最佳攝影五項大獎
的《美國心‧玫瑰情》，表現得絲毫不爽的就
是當年法蘭克福學派極不以爲然的人性扭曲主
題。男主人翁的唯一快樂是在浴室中手淫。他
一看到與女兒同台演出的漂亮女同學，目光就
不能轉移，其終日想入非非的畸念，比起當年
納博可夫（Vladimir Nabokov）引起酣然大波
的《洛莉塔》，卻顯得少了一分激情。妻子的
虛榮同樣令人瞠目。如果說她的外遇多少還是
情有可原，可是當丈夫難得有一天顯出改邪歸
正的溫情時，她因爲沙發價值三千美元而堅決
不能在上面做愛的本能反應，卻無論如何叫人
瞠目了。憂鬱的女兒是個典型的後現代式少
女，其同鄰家青年彷彿盡是眞情流露的愛情，
然而，觀眾於中體會到的卻還是更多怪異。誠
如吸毒復又敲詐的男主人翁眼看在功德圓滿之
際，突然中彈斃命，這部故事片中展示的即便
是充滿怪異的美，也只能是「鏡中之花，水中
之月」。假如說這怪異的扭曲的人生，就是今

日美國後資本主義社會的如實寫照,這寫照莫
若說是文化工業的一種誤導。

　　但法蘭克福學派的文化工業批判公認存在
一個很大的局限,就是他們的批判是限制在意
識和精神領域,而很難說就具備了實踐性。就
阿多諾來看,這與他的否定辯證法應有直接關
係。阿多諾認為,工業文明高度發展的現代資
本主義社會,已無可能再產生十九世紀下半
葉,如無產階級革命運動那樣的革命實踐主
體,故物質的武器的批判已失去意義,對現代
資本主義社會的否定,只能採取意識革命和精
神批判的形式。值得注意的是,阿多諾已經注
意到文化工業主流中同樣也蘊含了某種批判潛
力。如他曾經指出,文化工業的意識形態本身
在操縱大眾的企圖中,已經變得與它想要控制
的社會一樣包含了內在的對抗性。故文化工業
的意識形態不但有它自己的謊言,同樣也有它
自己的解毒藥。

　　由於,法蘭克福學派對文化工業的批判局
限在意識和精神領域,其理論缺乏充分的實證

　　依據，便也成爲它的一大缺陷。事實上阿多諾
上面對文化工業的種種批判，基本上是拘囿於
理論分析，很少伴以具有說服力的經驗證明。
比如，就流行音樂導致聽力衰退的結論來看，
其中涉及的與其說是眞正的聽衆，不如說是一
種理論主體。這樣從理論到理論一個圈子兜下
來，經驗的領域被忽略不計，終而是一件遺憾
的事情。甚至有人說，眞正的聽衆在阿多諾眼
中或許是退化過頭了，是回到了嬰兒的水平，
所以他們的看法和見解實在不足一道。這樣一
種傲慢的態度未必是阿多諾的初衷，但是對於
大衆文化的批判理論而言，它同樣不是空穴來
風。

　　另外，阿多諾對文化工業的分析，明顯是
依據他所觀察到的產品特徵而爲，他沒有將文
化工業的出現和盛行看作一種歷史的必然。文
化工業固然是後期資本主義的產物，但是單就
文化自身的發展，以及產業自身的發展來看，
兩者的交匯是不是有一種必然性？這一點恰恰
是阿多諾的批判理論所忽略的。進而論之，阿

多諾認為資本主義社會的文化生產和消費勢所必然是標準化的、是一種組織生產。但是這標準化達到了怎樣一種程度？比方說，高雅文化如古典和前衛音樂，前產業社會的文化如傳統的民間音樂，又在怎樣程度上受到這標準化的影響？事實上更進一步分析的話，我們可以發現大眾文化的口味和標準，未必一定是籌劃在先的文化工業盡能把握，要之，流行音樂和好萊塢電影勢將「百發百中，戰無不勝」。但實際上文化工業其慘澹經營、難以為繼的例子大有所在。所以不妨說大眾文化的標準，就在它的生產者和消費者之間那一並不平衡的關係之中。而將這一關係摸索清楚，恐怕較之理論建樹更是叫人殫精竭慮的事情。

關於馬庫色的真假需要批判理論，引來的非議更多一些。判定文化工業提供的都是虛假的需要和滿足，在許多批評家看來，較阿多諾涉嫌的傲慢態度有過之而無不及。像英國批評家麥克因特爾（Alasdair MacIntyre）乾脆就說：「馬庫色從哪兒得到權力這麼說話？別人

的真假需要，他有什麼資格說三道四？」[14]文
化工業的消費特徵究竟有哪些負面效果，說起
來似乎也是一言難盡。至少，對現代社會的大
眾文化和娛樂形式取全盤否定態度，絕不是一
種無懈可擊的哲學立場。在認定電視、微波
爐、洗衣機、汽車、音響和時裝之類是虛假的
需要時，是不是顯示了種好為人師的作風？另
外消費者是不是對大眾廣告毫無保留照單全收
下來，多半也還是個問號。

　　進而視之，「虛假的」需要和「真正的」
需要區別何在？真正的需要又如何加以確定？
為什麼消費品如洗衣機，被界定為虛假的需
要？洗衣機可以節省時間、便捷生活，因此可
以說是滿足了非常真實的需要。大眾固然需要
知識的精神的追求，但是他們同樣也需要洗衣
服。或許可以說，正因為有了洗衣機，大眾才
有更為充裕的時間和精力投入到精神生活中
去。這樣來看，馬庫色視角中的文化墮落，換
一個視角來看，恰恰是提供了現代社會中必不
可少的效率保證。所以有人說，也許應當提醒

馬庫色一類思想家們，一台洗衣機就是一台洗衣機就是一台洗衣機……。此外，馬庫色指責文化工業是製造虛假的需要，一個前提是大眾倘使不把時間悉盡消耗在虛假的需要上面，比方說看電視，從而可以去從事更有意義、更有價值的活動以滿足他們真正的需要。但真正的需要又是什麼？它們是不是就同使用洗衣機和看電視一樣勢不兩立？是不是大眾不明白什麼是自己的真正需要而唯有聽從理論家的教導？這裏又涉嫌到一種居高臨下的教師爺態度。

　　馬庫色的真假需要理論，同樣是忽視了大眾自己的辨別力，這一點連贊同馬庫色觀點的批評家都有感受。如道格拉斯‧柯爾納（Douglas Kellner）一九八三年刊於《理論、文化和社會》雜誌的〈批判理論、商品和消費者社會〉一文，就認為把一切商品看成是資本主義操縱大眾的誘惑工具，認定凡人屈服於消費文化，就必然是虛弱的、逆來順受的、有所缺陷的，是摩尼教和清教徒的禁欲主義傳統。柯爾納注意到馬庫色《單面人》中給他所說的

「真正的需要」也下過定義：「唯一我們無需
多作說明就可以聲稱是必要的需要，都是事關
緊要的一些需要，如營養、衣物和文化水準所
許可的居室。」[15]對此柯爾納解釋說，這裏的
真正的需要並不似經常有人誤會的那樣，是圈
定得太爲嚴格苛刻，而是顯示它們沒有受到意
識形態的操縱，所以是人無需多加說明的基本
生理需要。事實上，柯爾納有意維護馬庫色真
假需要的區分，但這區分建立在什麼標準上
面？柯爾納建議可以對個別的、具體的商品逐
一檢驗，如果它確實有助於改善生活、真正是
有用的、製作良好、價格適中；那麼，這樣的
商品就可以說是顯示了真正的需要。反之，如
果商品名不副實、無益於改善生活、製作不
良、可有可無、價格也偏高；那麼，這樣的商
品就可以說是虛假的需要。

　　柯爾納爲馬庫色所作的進一步區分看似簡
單，但認真實施起來，很難說沒有流於紙上談
兵。對於「有用」和「改善生活」一類概念的
確證，說到底都牽涉到價值判斷的問題，仍然

需要主體來作出是或不是的決定。它並沒有提
供一個客觀的標準，來說明什麼是文化滿足的
基礎。如此一步一步推究下去，最終將涉及什
麼是現代性的理性基礎這一類大得沒有邊的後
設性命題，實已非大眾文化的話題可以涵蓋。

# 註　釋

[1] 阿多諾，《文化工業》，倫敦，路特勒基出版社，1991年，第92頁。( T. Adorno, *The Cultural Industry*, London: Routledge, 1991. )

[2] 阿多諾，《文化工業》，倫敦，路特勒基出版社，1991年，第310頁。

[3] 班傑明，《機械複製時代的藝術作品》，見《光照》，倫敦，豐塔那出版社，1973年，第226頁。( W. Benjamin, "The Work of Art in The Age of Mechanical Reproduction", in *Illumination*, London: Fontana, 1973.)

[4] A. 麥克因特爾，《馬庫色》，倫敦，豐塔那出版社，1970年，第64頁。( Alasdair MacIntyre, *Marcuse*, London: Fontana, 1970. )

[5] 馬庫色，《單面人》，倫敦，阿巴庫斯出版社，1972年，第19頁。( H. Marcuse, *One-Dimensional Man*, London, Abacus, 1972. )

# 第四章
# 霸權理論與大眾文化

## 第一節　葛蘭西的霸權理論

　　葛蘭西的霸權理論（在台灣又稱爲「文化霸權理論」——編按），是近年西方文化研究中的一個熱點，其對大眾文化理論產生的影響引人注目。在某種程度上，它還遙相呼應著法蘭克福學派的文化工業批判，而成爲西方大眾文化理論的說明中，不論一個人贊同或不贊同，卻很難視而不見迂迴過去的一塊路標。隨著霸權理論的流行，「葛蘭西熱」、「葛蘭西轉向」，一時也成爲大眾文化研究中的時新名

詞。

　　葛蘭西熱很大程度上受惠於一九六○和七
○年代伯明罕中心的研究成果。霍爾在他〈文
化、傳媒與「意識形態」效果〉一文中，就提
出過葛蘭西的霸權概念是文化研究的樞紐所
在，高屋建瓴。霍爾解釋說，葛蘭西的霸權是
指自由資本主義社會中，統治階級通常不是透
過直接強迫，而是透過被認可的方式，將權威
加諸其他階級。因為如此，統治階級更試圖將
一切異端都框架在他們自己的思想視野內部。
霸權即意識形態的領導權，它是透過諸如家
庭、教育制度、教會、傳媒和其他文化形式，
而得運行的。進而視之，霸權不是一種永恒的
狀態，而總是必須由統治階級來主動爭取並且
鞏固。因此，它同樣也可能喪失。

　　就近年來在後現代思潮中，鋒芒逼現的後
殖民主義理論而言，艾德華・薩伊德
（Edward Said）一九九三年出版的《文化與帝
國主義》一書，導言部分即講到他所說的文
化，主要是有兩個方面的含義。其一是指一切

相對獨立於經濟、社會、政治領域的活動，就
像各形式描述、傳播和表現的藝術，時常是以
審美的形式出現；故而它所追求的主要目標之
一，就是快感。這毋寧說指的就是後現代社會
的消費文化。其二則取阿諾德一八六○年代的
說法，以文化網羅起每個社會中最好的東西，
讓人在一片光輝中觀照自身，觀照自己的民
族、社會和傳統；究其實質，卻是在給血腥強
暴、銅臭氣味十足的都市社會生活，披上一塊
遮羞布。不消說，文化這兩個方面的內涵，在
薩伊德看來正體現了英、法、美帝國主義的文
化特徵。而薩伊德和文化帝國主義理論，公認
是傅柯話語理論和葛蘭西霸權理論兩相結合的
產物。

　　葛蘭西生於一八九一年，是義大利共產黨
的創始人之一。一九一一至一九一四年在都靈
大學讀書的時候，他就積極投身革命，一九一
三年他參加義大利社會黨，一九二一年一月和
陶里亞蒂一起創建義大利共產黨，一九二四年
任該黨總書記。一九二六年被法西斯政府逮

捕，次年被判二十年徒刑。獄中葛蘭西廣泛閱
讀，寫就大量筆記和書簡，一九三七年因健康
極度惡化始暫時獲釋就醫，數日後即與世長
辭。

　　葛蘭西留下的三十四本筆記被他的妻妹取
出寄往莫斯科，成為今人看到的葛蘭西《獄中
書簡》和《獄中劄記》兩卷的大部分內容。這
些著述大都是他十一年鐵窗生涯中撰成，其間
不但常常為疾病所困，而且寫作不能引起監獄
當局的注意。這使他的文字，公認帶有一種與
眾不同的獨特風格。對此英國新左派史學家安
德森在他一九七九年出版的《西方馬克思主義
思考》中指出，這正是葛蘭西的政治活動和政
治鬥爭生涯，而造就了他別樹一幟的理論家地
位。因為一般理論作家，包括馬克思主義理論
作家，大都在大學裏謀有職位，其知識分子背
景，也至為明顯，即便他們偶爾也寫一點政
論。但是葛蘭西不同，就算葛蘭西自視為知識
分子，然而就一個工人階級的知識分子而言，
他的理論觀點卻是直接源出於他的政治經驗和

他飽受無度的政治壓迫。因此，對於葛蘭西來說，馬克思主義並不僅僅是種科學，其概念和範疇須有嚴格的界定和邏輯的發展；亦不僅僅是解釋世界的方法，而首先是一種為工人階級謀求解放的政治理論。馬克思主義在此一意義上言，歸根到底便是種激勵、引導和建構社會主義革命的理論。

　　葛蘭西對於西方文化理論影響深遠的是他提出的「霸權」（hegemony）概念。葛蘭西認為在一定的歷史階段，佔據統治地位的階級為了確保他們社會和文化上的領導地位，是利用霸權作為手段，勸誘被統治階級接收它的道德、政治和文化價值。倘使統治階級在這方面做得成功，就無須使用強制和武力手段。葛蘭西認為這正是十九世紀資本主義自由社會的特徵。霸權由此便是社會統治集團可以使用的各種社會控制模式，它的產生背景是社會衝突。霸權觀念的關鍵不在於強迫大眾違背自己的意願、良知，和屈從統治階級的權力壓迫，而是讓個人「心甘情願」且積極參與，被同化到統

治集團的世界觀或者霸權中來。霸權並不是資本主義功能之必須，而是被兩相認可的一系列觀念，緣起於階級和其他社會衝突，如葛蘭西所言：

> 一個社會集團的至尊地位以兩種方式展現自身，其一是「支配」；其二是「知識和道德領導權」。一個社會集團支配著它的對抗集團，而後者是它有意甚而是使用武力來肅清或征服的。這導致利益親近的集團加盟進來。一個社會集團能夠，事實上也必須在奪得統治權力之前，就先已來施行「領導權」（就贏得這類權力來說，這確實是一個主要條件）。當它實施權力的時候，因而便佔據了支配地位，但是即便它牢牢將權力握在手中，它也必須繼續來「領導」下去。[1]

這可見在葛蘭西看來，領導權之於霸權是至為重要的。利益親近集團加盟進來的結果，是階級霸權聯盟，或者說權力集團的形成。反

過來被支配和被「領導」的社會集團其對自身
的理解，其同社會乃至世界發生的關係，莫不
已是身不由己屈從了支配集團的話語權威，成
爲與支配集團意識形態同流合謀的產物。當然
從外表上看，它與統治階級強加下來的社會控
制形式，究竟還是有著明顯的區別。

　　霸權的概念用到文化研究上面，被認爲是
力圖表明如何日常的意義、表象和活動，是被
精心營構了一番，而將支配「集團」的階級利
益表現爲自然而然、勢所必然且無可爭辯的大
眾利益，爲人人所欲。於是研究文化的霸權方
面，首當其衝需要分析的便是「機制」（insti-
tutions）的概念。機制歷來被認爲是不偏不斜
的、是中性的、對人一視同仁的，並不特別偏
向於那個階級、種族抑或性別。這類機制具體
來看，就是國家、法律、教育制度、傳媒和家
庭。它們大量生產著知識、感覺和意義，其作
爲文化載體的重要性，不但體現在它們自我標
舉的各方面功能，同樣也體現在它們作爲個人
和社會意識的組織者和生產者的身分上面。雖

　　然，這些文化載體具有相對的獨立性和自足性，其組成的人等及其專業特徵和意識形態的特點，也多有不同，但是它們一起構成了霸權實施和推廣的大本營。簡言之，它們可以被某個權力集團「殖民化」，這個集團不僅僅是由經濟上佔據主導地位的階級構成，同樣也包括了它的「聯盟」和它的下屬階級。

　　在奧蘇利文等人的《傳播與文化研究中的關鍵概念》中，稱霸權的概念是運作在意識和表現的領域；當社會、文化和個人經驗的總體性可以被權力集團的術語解釋之時，常常也是霸權概念得到淋漓盡致表現的時候。故而：

> 霸權是將歷史上一個階級的意識形態自然化了，賦予它以常識的形式。這裏的關鍵在於，霸權可以不依憑武力推行，而被表現為生活的「權威」和「文化」這方面的事實，是被非政治化了。那些唾手可得並且得到官方鼓勵的闡明個人和世界意義的策略，似乎不是策略而是「人性」自然而

然、毋庸爭辯的屬性。植基於反抗政治或
反霸權意識的不同策略，在此一語境中不
光是顯得「不正宗」，而且有可能被表徵
為完全就是胡說八道、無法想像、無以表
達的東西。[21]

　　但是很顯然工業生產組織和所有制的不同
形式，源源不斷再生產著階級利益衝突，這就
使霸權永遠無法牢牢坐穩它的一統天下。由
於，不斷有可被納入反霸權軌道的意識和表徵
形式冒出頭來，致使意識形態之中霸權和反霸
權的鬥爭，從來就沒有間斷過。從長遠看，這
一鬥爭足以發展成為政治和經驗權力本身。

　　葛蘭西強調霸權從廣義上來說，之廣被接
受乃牽涉到社會中的主導集團，對它的下屬階
級作出的一系列讓步和妥協，只要讓步不對它
大一統的支配構成威脅。對此他說過這樣一段
話：

　　霸權的事實是假定採取步驟照顧到了蒙受
　　霸權集團的利益和傾向，假定是作出了某

種妥協平衡。換言之,領導集團應當做出
經濟方面的一些犧牲。但是毫無疑問沒有
這些犧牲妥協不能觸及本質的東西;因為
霸權雖然是倫理的、政治的,它必然同樣
也是經濟的,它的基礎必然是領導集團在
經濟活動的關鍵內核中,所發揮的舉足輕
重的功能。[3]

　　葛蘭西並不完全贊成馬克思將經濟基礎視
為社會最終決定因素的觀點,但即就上面這段
話看來,他並沒有否定經濟對上層建築發生的
作用,是較倫理和政治一類意識形態尤要顯得
舉足輕重。社會支配集團的權力最終可由經濟
地位說明,那麼很顯然,霸權的基石就是資產
階級。葛蘭西提到霸權背後的讓步和妥協主要
是經濟上的,這指的當是福利提供和增加工資
一類。但假如說霸權也包括了觀念的鬥爭,那
麼讓步無疑同樣涉及到觀念的妥協,霸權所宰
制的集團遠非僅僅是與佔支配地位的觀念形態
同流合謀,相反,即便是在流行的霸權之中,

也在尋求發出自己的聲音。這可見讓步和妥協其實永遠是衝突的產物。

英國影視批評家克拉克（A. Clarke）在他一九九二年發表的〈「你被捕了！」：警察電視劇和法律與秩序的虛構表徵〉一文中，以一九七〇年代英國的電視劇爲例，闡述過葛蘭西的霸權理論。他談的是當時流行的警察和犯罪電視系列劇，認爲這些片子可以見出社會上的支配集團是處心積慮，意欲透過製造一種「法律和秩序」的道德恐慌，來重建他們的霸權地位。克拉克指出，英國社會是當時支配集團的流行霸權；是建立在一種社會民主改良主義上面，但隨著階級、種族和產業衝突的不斷尖銳化，它已經搖搖欲墜，實際上面臨著崩潰的危險。在這一背景之下，支配集團不遺餘力在政治、文化和意識形態領域中施展身手，以恢復他們的霸權，是很自然的事情。問題在於支配集團的這些重建霸權的努力，都被表現爲人喜聞樂見的大眾文化形式。如一九七七至一九八三年間風靡英國的電視系列劇《職業階層》

（*The Professionals*），就對社會上讓人愈益擔
心的犯罪問題，表現出了前所未有的關注。克
拉克認爲這正可看出，支配集團是透過加強法
律和秩序的呼籲，來恢復他們在政治和文化上
的統治地位，雖然這樣做彷彿是迎合了大眾要
求社會安全的穩定的基本願望。

　　值得注意的是，葛蘭西認爲霸權的生產、
再生產以及轉化都是市民社會（civil society）
的產物，反之，國家採用的則是強制和壓迫的
手段。由是觀之，大眾文化和大眾傳媒是透過
市民社會涵蓋了文化生產和消費的種種機制，
來爲霸權的生產、再生產和轉化服務的。市民
社會的特徵是它標榜的自由和民主，但是教
育、家庭、教會以及大眾文化和大眾傳媒等等
這一切自由民主的社會機制，無不是爲霸權以
文化和意識形態的形式暢行其道，洞開了方便
之門。正因爲霸權在葛蘭西看來與市民社會有
著密切聯繫，所以他提出革命力量在奪取國家
之前，必須首先奪取市民社會，然後組成被壓
迫集團的某種聯盟，團結在一面霸權的大旗之

下，取而代之佔據主導地位的現時霸權。沒有
這一霸權的鬥爭，一切奪取國家政權的努力都
將是徒勞的。葛蘭西認為這是市民社會的性質
使然：

> 「市民社會」成了一個非常複雜的結構，
> 一個抵禦著直接經濟因素如危機和衰退等
> 等災難性「入侵」的結構。市民社會的上
> 層建築好似現代戰爭中的戰壕系統。戰爭
> 中時常有這樣的情況，猛烈的炮火轟擊似
> 乎摧毀了敵人的整個防禦系統，然而實際
> 上它僅僅摧毀了外部周邊，一旦挺進和攻
> 擊啟動，攻擊者會發現他們面前依然是一
> 道牢固的防線。在經濟大蕭條中，同樣的
> 情況發生在政治領域。[4]

市民社會作為上述這樣一個非常複雜的結
構，足以表明它的產物之一，即霸權不可能是
一個一成不變的觀念系統，同樣不可能永遠是
高枕無憂穩坐在支配席位上面。這是說，即便
霸權在以「常識」的形式幫助社會上最有權力

的階級和集團坐穩江山，它畢竟是緣起於社會
和階級鬥爭，並且反過來影響到這鬥爭的發展
方向。這可見霸權是社會支配集團爲確保對其
被支配集團的領導權，而不斷變換手法予以推
廣的觀念系列，其錯綜複雜的特點，使它有別
於統治階級的意識形態功能，後者帶有更多的
強制性特徵。

　　霸權理論另一個不容忽視的方面，是葛蘭
西認爲霸權主要是知識分子所作所爲的結果。
就此而言，大眾傳媒文化的生產者、傳輸者以
及闡釋者都是在市民社會的機制內部，參與霸
權創建和霸權鬥爭的知識分子。而機制本身的
運轉，也取決於知識分子演出的角色。但葛蘭
西這裏所說的知識分子（intellectuals）並不限
定在藝術家、作家和學者這些所謂的社會精
英，相反，它的含義要廣泛得多，泛指一切生
產和傳播觀念以及知識的人等。用他自己的話
說，所有的人都是知識分子，只是並非所有的
人都在社會中起到知識分子的功能。後者更大
程度上也是一種職業功能，這自然就是指同霸

權難分難解的文化、觀念、知識和話語等等的
生產、傳播和闡釋了。

　　另一方面，葛蘭西還強調知識分子在霸權
建立和推廣的過程中，輕重還有不同。並不是
所有的知識分子對霸權都有舉足輕重的影響
力。有些知識分子是直接在生產霸權觀念，有
些可能是對之進行闡發加工，還有一些知識分
子則是將上方權威下派的使命付諸實行。但
是，所有這些人等演出了某種知識分子的功
能，這是說，舉凡意識形態的活動，必然牽涉
到市民社會有關機制的霸權問題。現代大眾媒
介內部大眾文化的生產、傳播、消費以及闡
釋，用葛蘭西的觀點來看，就應當作如是理
解。

# 第二節　從霸權角度看大眾文化

　　葛蘭西的文化霸權學說在當代西方大眾文
化理論中，可以說是影響最大的西方馬克思學

說之一。這主要是因爲此一理論充分強調了意識形態對經濟基礎的反作用，與因誤解和曲解馬克思而得出的經濟決定論，多有不同。故有相當一部分學者認爲，假如葛蘭西的霸權力量結合更側重於經濟制約因素的經濟政治學來解釋大眾文化，差不多就是一種最好的理論選擇。由是而觀，大眾文化的生產和消費過程之間，就有了一種辨證關係。而且這一關係的基礎所在是歷史現實，而不僅僅是空洞的抽象理論。

　　關於葛蘭西霸權理論對大眾文化研究意味著什麼，澳大利亞文化研究學者本內特（Tony Bennett）在他與默塞爾（C. Mercer）等一九八六年主編的《大眾文化與社會關係》一書中，寫過一篇題爲〈大眾文化與「葛蘭西轉向」〉的序言，比較系統地闡述了霸權理論對大眾文化研究產生的影響。本內特認爲一九七〇年代後期以來，文化研究領域的論爭，經常是被鎖定在結構主義和文化主義所代表的兩極周圍，前者是「外來輸入」，後者是「土生土

長」。在結構主義的視野中，大眾文化經常被
視爲一種「意識形態機器」，其炮製儼如法律
的規則，專橫統治大眾的思想，一如索緒爾爲
結構主義提供組構範式的綱領：專橫統治具體
言語行爲的「語言」總系統。文化主義恰恰相
反，經常是不作辨別、一味浪漫，讚揚大眾文
化是眞實表達了社會受支配集團或階級的興趣
和價值觀。進而視之，這一看法是來源於本質
主義的文化觀，即是說，文化是特定階級或性
別本質的化身。總之，大眾文化的研究要麼是
落入結構主義，要麼是落入文化主義套數。

　　進一步看，大眾文化的結構主義研究集中
見於電影、電視和通俗文學；文化主義則趨向
於在歷史和社會學內部獨霸天下，特別是關涉
到工人階級「生活文化」或「生活方式」的研
究。這樣兩分下來當然沒有什麼大好結果：彷
彿根據我們的興趣領域，我們要麼就是結構主
義者，要麼就是文化主義者——如果我們研究
電影、電視或通俗文學，就是前者；如果我們
的興趣在於諸如體育、青年次文化一類，就是

後者。好像文化世界給分隔成兩個不相干的半
球，各自展示著一種不同的邏輯。雖然這狀態
很難叫人滿意，可是同樣清楚明白的是，這兩
個傳統是無法強扭成一椿婚姻的。如何走出這
一困境，本內特指出，葛蘭西霸權理論事實上
就成了彼時唯一的一條超越路徑。

　　本內特強調葛蘭西著作的批判精神，全沒
有大眾文化批評家叫人忍無可忍的傲慢態度，
同時又絲毫無意去鼓吹一種大眾主義，既避免
也否定了結構主義和文化主義的二元對立。在
葛蘭西的理論框架中，大眾文化既不是大眾的
文化扭曲，也不是他們文化的自身肯定，或者
說他們自己的自我創造；相反，它是一塊角力
場，體現的是那些互為衝突的壓力和傾向形構
而成的關係。這樣一個新的視野，就使我們重
構大眾文化研究中當務之急的理論和政治問
題，成了可能。

　　就結構主義和文化主義模式的政治內涵來
看，本內特發現兩者對文化和意識形態領域的
結構和組構，所持觀點其實相差不離。文化和

意識形態處在與社會階級之間相對的經濟和政
治的關係之中。雖然彼此之間大有不同，兩種
範式都認為文化和意識形態實踐的領域，係為
一種主導意識形態所支配，此意識形態實質上
和整體上都是資產階級性質，作為一種異化力
量，係從外部強加給被支配階級，儘管成功程
度有所不同。從這一視角來看，兩種視野的主
要差異，很大程度上就在於名稱和方向的不
同。於結構主義，「大眾文化」和「主導意識
形態」除了定義上略有變化，通常可以等量齊
觀。因此，大眾文化研究的主要政治使命，便
是通讀大眾文化形式和實踐，以揭開運行其內
部之主導意識形態的晦暗不明的機制，從而武
裝讀者，在有關實踐中反對類似機制的發生。
文化主義則是相反，大眾文化被認為等同於下
層階級「土生土長」的文化，截然不同、並且
針鋒相對於以大眾文化形式出現的主導意識形
態。故文化主義的大眾文化研究，目標是去發
現大眾真實的聲音、闡釋其意義、發揚其文化
價值。但兩者儘管有此差異，兩種方法共用的

文化和意識形態觀念，是維持在兩個對立的文
化和意識形態陣營中間：資產階級和工人階
級，兩者鎖定在一場零和遊戲之中，一方有所
得，另一方必有所失。

　　由此可見葛蘭西霸權理論的獨特意義。以
霸權的概念替代統治的概念，本內特指出，並
非如一些評論家所言，只是術語的差異。對於
文化和意識形態鬥爭的認知，它帶來了完全不
同的方法觀念。根據統治意識形態的論點，資
產階級文化和意識形態試圖取代工人階級的文
化和意識形態，因而直接制定框架，來約束工
人階級的經驗。但葛蘭西指出資產階級之可以
成為霸權階級、領導階級，其前提是資產階級
意識形態必須在不同程度上，能夠容納對抗階
級的文化和價值，為它們提供空間。資產階級
霸權的鞏固不在於消滅工人階級的文化，而在
於聯繫工人階級的文化形式，並且在此一形式
的表徵中來組建資產階級的文化和意識形態，
從而它的政治屬性，也在這一過程中發生了改
變。這樣接納對抗階級的文化因素，一個結果

便是「資產階級文化」將不再是資產階級的專
利。

　　本內特這樣概括葛蘭西霸權理論對大眾文
化研究的影響：

　　此一理論的結果，將是否定大眾文化領
　　域，如結構主義和文化主義視野非此即彼
　　的選擇，或者視其為原汁原味的資產階級
　　意識形態，或者視其為大眾真實文化的場
　　所，激發潛在的自我覺醒。或者是肆無忌
　　憚的壞蛋，或者是一塵不染的英雄。恰恰
　　相反，葛蘭西的理論牽連到捲入爭奪霸權
　　的鬥爭，對於葛蘭西來説，即是爭奪那一
　　被認為是天經地義的角色。這意味日常生
　　活文化積澱下來的各方面，深深捲入爭
　　奪、贏得、喪失和抵制霸權的過程中——
　　統治階級建構大眾文化領域，企圖贏得霸
　　權，同時又以反對這一企圖的形式出現。
　　因此，它不僅僅是包含了自上而下，同統
　　治階級步調一致的大眾文化，而更像是兩

　　　者之間的一塊談判場所，其間主導的、從
　　屬的和對抗的文化與意識形態價值，以大
　　眾文化形態各異的特定類式，「混和」在
　　不同的行列裏了。[5]

　　本內特承認葛蘭西的霸權理論並不是屢試
不爽的靈丹妙藥，可以應對大眾文化分析領域
的一切問題。因為，事實上電視和電影分析、
流行音樂、生活文化以及通俗文學的研究，都
有其獨特且具體的技術和理論問題，非泛泛的
理論說明可以解決。同樣，涉及文化與階級、
文化與性別，以及文化與國家的關係，這一類
問題依然也還是複雜難辨、叫人頭痛，需要不
厭其詳，分別對待，才能有所成就。但是葛蘭
西霸權理論提供了一個整合框架，在其中以上
兩類問題都可提出，並且可以在相互之間的關
係之中來求解答。就此而言，它的意義是其他
理論無以替代的。

　　但是，應當說葛蘭西的霸權理論同樣存在
一些問題和局限。一個最明顯不過的困難就是

儘管葛蘭西再三強調霸權和強制不是一回事情，可是實際上，人很難在兩者之間劃出一條明確的界限，因爲霸權同樣可以是強制性的。反過來看，強制亦可以透過霸權的形式一路下達。從歷史上看，納粹法西斯幾近狂熱的意識形態擴張，究竟是霸權還是強制使然？這個問題並不好回答，或許不如回答說是兩者共同使然。再看現實，今天發端於經濟的全球化大潮，其勢不可擋的銳利鋒芒借助的是霸權策略還是強制手段？看來也是兩者兼而有之。

進而視之，葛蘭西以霸權爲市民社會的產物，強制爲國家手段的產物，之間的分野應當說同樣不是容易澄清的。實際上，葛蘭西自己就承認市民社會的機制，亦可以透過強制的方式來貫徹自身；反之，國家機制同樣可以假霸權的形式來運轉。霸權可以說是階級鬥爭的產物，但這一產物我們看到，偏袒的始終是鬥爭的一個方面，即犧牲被支配集團的利益來滿足支配集團的需要。以致有人說，霸權的概念有時候就像一場足球賽，雙方都想把球踢進對方

的鬥，可是結果只能是一贏一輸。而且它無一
例外總是以支配集團獲得新的霸權形式贏出告
終，雖然在這一霸權的新形式中，被支配集團
的利益多少是有了些微進展。這個新的形式，
不妨說就是統治階級的意識形態。

　　再就葛蘭西以階級鬥爭作為霸權理論的還
原點來看，它一方面是為其他方面的矛盾和鬥
爭，提供了理論說明的一個出發點和闡釋框
架。但是另一方面，將文化和意識形態的解釋
一概還原到它們的社會基礎以及階級鬥爭，這
固然是一種很有說服力的方法，但是很顯然並
不是所有的文化現象都可以在階級鬥爭中得到
解釋，也並不是所有的大眾文化都在階級鬥爭
的關係中出演著什麼功能。特別是在今天西方
號稱後工業的當代社會中，隨著工人階級無望
地變成少數，傳統意義上的階級鬥爭將被順利
地消除。或者我們可以說，這樣一種還原分析
法，多少是忽略了文化和意識形態本身獨有的
特點。事實上，文化和階級的關係不論多麼錯
綜複雜，文化的發展總是有它自己的規律，葛

蘭西霸權理論的提出，實際上也正是他充分注意到這一規律的一個結果。這使他有別於更爲強調經濟基礎的一般西方馬克思主義文化理論，也有別於法蘭克福學派的大眾文化批判理論，而在當代西方文化理論的建樹中，被認爲是一面最是強調文化自身功能的旗幟。

# 註　釋

[1] 葛蘭西，《獄中劄記選集》，倫敦，勞倫斯和維夏特
出版社，1971年，第57-58頁。( A. Gramsci, *Selections
From the Prison Notebooks*, London: Lawrence and
Wishart, 1971. )

[2] 奧蘇利文等，《傳播與文化研究中的關鍵概念》，倫
敦，路特勒基出版社，1994年，第134-135頁。( Tim
O'Sullivan, J. Hartley, D. Saunders, M. Montagomery, J.
Fiske, *Key Concepts in Communication and Cultural
Studies*, London: Routlrdge, 1994. )

[3] 葛蘭西，《獄中劄記選集》，倫敦，勞倫斯和維夏特
出版社，1971年，第161頁。

[4] 葛蘭西，《獄中劄記選集》，倫敦，勞倫斯和維夏特
出版社，1971年，第235頁。

[5] 本內特，《大眾文化與「葛蘭西轉向」》，見約翰‧斯
托雷，《文化理論與大眾文化讀本》，赫特福德夏，
1998年，第222頁。( Tony Bennett, "Popular Culture
and the 'turn to Gramsci'", in John Storey, *Cultural
Theory and Popular Culture: A Reader*, Hertfordshire:
Prentice Hall, 1998. )

# 第五章
# 電視和大眾文化

## 第一節　電視和大眾文化

　　如果說電視是大眾文化最為火熱的媒體，恐怕不會誇張。一九四〇年代末葉，當一些廣播網路開始將電視的改造進程，使它從富人的玩具一躍成為大眾文化的新媒體時，許多商業鉅子都不屑一顧，視其為曇花一現的流行時尚。畢竟，不丁點兒大的電視螢幕，如何同電影院裏比真實生活還大、還要清晰的「銀幕」抗爭？當然，結果是眾所周知的，隨著越來越多的人們，寧可舒舒服服待在家裏享受免費的

娛樂，隨著體育轉播等等大眾文化的新形式，在電視上面亮相，而使高爾夫球、網球、滑雪這些原本為精英們獨享的活動也成為大眾喜聞樂見的「節目」時，電影在長驅直入的電視攻勢前面，幾無招架之力。

　　一九七六年，洛杉磯一群經常聚會在電視機面前，一泡就是數個小時的朋友們，決定給自己命名為「沙發馬鈴薯」（sofa potato）。這些沙發馬鈴薯們很快以他們獨有的調侃作風，推出一批著作，如閔穀（J. Mingo）一九八三年的《官方沙發馬鈴薯手冊》，以及兩年以後閔穀等人的《沙發馬鈴薯生活指南》等，由此發動了一場看電視辯護運動，說明看電視並不似想像的那樣糟糕，至少不比其他娛樂方式糟糕，而且，至少它沒有造成環境污染。「沙發馬鈴薯」後來成為電視觀眾的代名詞。但是，由於電視和芸芸眾生的光陰閒暇關係太為密切，它和我們現實人生的恩恩怨怨遠非一言可以了斷，「沙發馬鈴薯」一語從原來銳利進取的攻勢似乎漸而被人忘卻，反倒成為一個被動

消受的形象，一個活靈活現的昏昏欲睡電視
蟲。別的不說，在我們的《大學英語》教材
中，就選了一篇題爲〈關掉電視，安靜一個小
時〉的文章。文章說，今天大多數美國人閒暇
時光都用來看電視。當然，電視裏有許多好節
目，比如新聞、孩子的教育節目、反映社會問
題的節目，以及電影、音樂會等等，但是值得
沒完沒了把時光耗在電視前嗎？假如關掉電
視，安靜一個小時，那又會怎樣？於是許多久
違的記憶重新變成了眞實：我們可以駕車出去
兜風看落日，或者到鄰里散步，或者閱讀而且
朗讀，或者乾脆講故事，總之，我們重新回到
了過去的好時光了！

　　但是，拿電視來作失落傳統的替罪羔羊，
是不是有點冤枉？我們似乎已經習慣了批判理
論對於電視的一些思維定勢，諸如「電視毒
品」，電視促使我們生活在一個「地球村」
裏，然後「娛樂、娛樂、娛樂到死」等等。但
問題並非如此簡單。電視雖然早已成爲我們日
常生活的一個不可或缺的組成部分，對於電視

的文化含義的探討，依然還是顯得相當淡薄。
電視已經成為大眾文化的一個最主要的媒體，
其影響幾乎普遍見於公共生活和私人生活的各
個方面。伴隨著有線電視、網路、衛星和錄影
帶的出現，電視如虎添翼，影子更是無所不
在，而成為社會和政治關注頻頻的突出對象。
要之，不管電視被認為是只求營利的商業投
資，抑或利大於弊的教育工具，還是文化衰敗
的象徵，對它在大眾文化視域中究竟是怎樣一
個對象作一理論回顧，由是觀之，無論如何是
必要的。

　　一九五四年阿多諾寫過一篇題為〈電視與
大眾文化模式〉的文章，對電視有過激烈批
判。他認為電視與他和霍克海默致力於抨擊和
批判的大眾文化其他形式沒有什麼兩樣，審美
上貧乏不足道，或者說顯示的是一種審美野蠻
主義，而對於觀眾的人格，產生了非常邪惡的
影響。他把當今大眾文化的基本特徵或者說原
型，上推到兩個世紀之前的十七和十八世紀之
交的英國。理由是小說家如笛福和理查生，已

經開始將文學生產推向市場。商業化生產的文
化產品，鋪天蓋地冒將出來，差不多就佔據了
藝術表現的所有媒體。即便從表面上看，大眾
文化形式各個不同，如爵士樂和偵探小說，幾
無比較可言，但是在基本結構和意義上面。它
們是如出一轍的，簡言之，它就是「我們時代
的流行意識形態」。

　　阿多諾認爲這一「流行意識形態」對社會
和道德價值的損害，是顯而易見的。他舉證美
國大衛・雷斯曼（David Riseman）一九五〇
年出版的《孤獨的群眾》一書中的資料說，早
期的美國人，特別是十八世紀，都是於潛移默
化中去心領神會父輩的價值觀，特別是中產階
級的清教價值如執著、智慧以及博學等等。現
代大眾文化似乎是保存甚至傳佈了這類價值，
但是人們越來越清楚看到的是，早期中產階級
社會的這些價值，只是流於表面，而潛在的資
訊則是大相逕庭，是趨之若鶩迎合一種愈見等
級化和獨裁化的社會結構。這資訊要人調整自
我，不作思考無條件服從社會。所以，對於現

代大眾傳媒來說，社會總是贏家，個人不過是
被社會規則擺佈在手心之中的一個傀儡。而說
到底，它就是對現狀、對現存秩序的無條件認
同。

　　在這樣的文化工業框架中來看電視，阿多
諾發現，電視的產品是經過精心設計而擁有多
重結構的，目的就是從不同的心理層面上來麻
醉觀眾。比方說，一齣電視節目表面上看，甚
至可以是反專制主義，可是表面之下總是具有
「潛在的資訊」，非意識所能控制。所以，專制
性質的政治和社會趨勢，總是在潛意識層面上
向觀眾灌輸，叫他不知不覺之間中了毒害，還
自鳴得意，最好心甘情願就成為專制主義的幫
兇。這可見，電視是和大眾文化的其他形式一
樣，已經成為心理控制的一個意想不到的好工
具。

　　阿多諾發現，電視的欺騙手段主要是一種
「偽現實主義」，讓觀眾身不由己陷入其中，常
常會身臨其境自比為節目的主人翁。比方說犯
罪片，它創造了一種逼真的犯罪氛圍，與其說

是在警戒犯罪，莫若說是在誘導犯罪。即便節
目的主題是懲惡揚善，不知不覺還是把罪惡種
進了觀眾心中。所以毫不奇怪，犯罪片中的主
角，時常悄悄之間就轉化成了故事裏的頭號英
雄，即便他們給描述為十惡不赦的壞蛋。

　　關於電視怎樣改變了社會裏的傳統價值模
式，阿多諾舉過婦女貞操的例子。他指出，在
十八世紀，比如理查生小說《帕美拉》中，我
們可以看到貞潔和肉欲的劇烈衝突。但是在今
日的大眾文化中，這一類內在衝突已不復可
見，漂亮的女孩子都是無一例外要結婚，結婚
就是一成不變的模式。迷人的女孩子可以盡量
盤剝她的男朋友，盤剝她的父親，咄咄逼人一
如十八世紀總是色瞇瞇、鋒芒畢露、採取攻勢
的男人，但是她在道德上面，總是無可指責。
阿多諾借用精神分析的術語評價說，這其實是
嬰兒情結在作祟。

　　至此可見，阿多諾的時代雖然電視遠不似
今日發達，所以沒有佔據他在文化工業批判的
中心地位，但是他對電視的看法，毫無疑問是

相當悲觀的。對此約翰‧道克爾（John
Docker）的《後現代主義與大眾文化》總結對
阿多諾電視的認知說，在阿多諾看來，「電視
的目標因而就是一種偽現實主義。它充滿了形
形色色的原型和程式。它有一個一成不變的深
層結構，這就是意識形態意義。它讓觀眾身不
由己認同螢幕上的東西，束縛他們令其『嬰兒
般地尋找保護』，就像孩子那樣，尋求和期盼
精神分析可以解釋的安全保障。」[11]換言之，
電視體現的是典型的大眾文化意識形態。

　　但是二十年以後，電視在英國伯明罕大學
當代文化研究中心的理論家筆下，儼然已是另
外一派氣象。一九七四年威廉斯出版的《電
視：技術與文化形式》一書，可視為大眾文化
理論史上，為電視正名的一部力作。當時結構
主義風習勁吹，電視的口碑並不太好。結構主
義認為大眾文化形式雖然各個不同，但無一例
外是有著一個單一的潛在結構，這就是保證大
眾社會的觀眾意識形態不出亂子，馴服於佔據
統治地位的資本主義價值觀念。這一立場與法

蘭克福的文化批判傳統是一脈相承的，威廉斯
要在這樣的理論氛圍中來顯示他的不同聲音，
應該說是需要勇氣的。

　　該書序言中威廉斯告訴我們，他先前為雜
誌定期撰稿、評說英國電視，但是《電視：技
術與文化形式》這本書，則是在加利福尼亞寫
成的。英國和美國在電視的功能上，它們的文
化含義，其實是大不一樣。所以不妨來比較它
們的差異。但是我們發現，威廉斯固然承認他
常常對美國電視感到迷惑，特別是動不動節目
就轉到了廣告甚至其他節目的預告上面，他並
沒有因此通力標舉英國和歐洲的電視為高雅文
化，反過來嘲笑美國。我們知道阿多諾和霍克
海默同樣是從歐洲來到美國，都毫不留情抨擊
美國爵士樂是野蠻主義、好萊塢影片是垃圾。
兩者比較起來的話，是耐人尋味的。威廉斯由
此區分廣義上的兩類節目：一種是商業性質，
目光盯住肥皂劇、連續劇、電影以及其他一般
娛樂節目。另一種是公共服務性質，側重新
聞、公共生活報導、特寫、紀錄片、教育、藝

術、音樂以及兒童節目。如果說這一分析本來
就是顯而易見的事情，威廉斯的獨到之處，在
於他沒有因此判定英國模式的電視節目，一定
就比美國的商業模式高出一等。相反他暗示，
英國風格的電視，包括澳大利亞的ABC，即
是BBC的兒子，其一心一意教化觀眾的綱
領，可以質疑也是可以探討的。這就有點不同
凡響了。

　　威廉斯這樣描述了他第一次領教美國電視
的經驗：

　　　　邁阿密的一個晚上，坐了一個星期大西洋
　　　　郵輪下來依然頭昏目眩，我開始來看一部
　　　　電影，一開頭我對頻頻出現的商業「間斷」
　　　　有點不適應。可是它比起後來發生的事
　　　　情，還是小問題一個。兩部將在其他晚上
　　　　於同一頻道播出的電影，開始插了進來做
　　　　預告。舊金山的一個犯罪案件（這是起初
　　　　那個電影的題材）開始要死要活同後來的
　　　　東西較起勁來，不光是除臭劑和早餐麥片

的商業廣告，還有巴黎的一段羅曼史，和
轟然登場將紐約蹂躪個遍的一個史前怪
物。[2]

威廉斯的感受是他跟不上節奏，從頭到尾
不知道看到了一些什麼。當然，原因他是清楚
的，這就是商業因素太多捲入了電影情節，至
少比英國的捲入程度要深。但是反過來假如一
個美國人來到歐洲，他對歐洲的電視會作出什
麼反映？我們可以比較來看美國學者托馬斯‧
麥凱恩（Thomas McCain）十一年以後的一段
文字：

　　我們搬到了都柏林，我看了一個月的英國
　　和愛爾蘭電視，迷惑真是非同小可，目瞪
　　口呆卻又無可奈何。電視看起來不太方
　　便、節目變化無常、叫你無法預料。電視
　　劇似乎只有數週之長，我們剛剛開始喜歡
　　上或者看懂了一個人物或故事……它就從
　　節目單上消失了。新聞則在晚上的中間時
　　段播出，而不是晚點，或者早點播出。最

　　奇怪的莫不過是系列節目的安排，晚上早
早有一個電影，那是英國節目《尋找野蘆
笛》，緊接著是個情景喜劇，然後入夜後
是一個鴿子的紀錄片。[3]

　　同威廉斯第一次看美國電視相似，麥凱恩
初看英國電視感覺也是一頭霧水。他說，在美
國俄亥俄州他的家裏，看電視早已成了日常生
活的一個有機組成部分。有線電視有三十個頻
道，差不多就是二十四個小時連續播出，把人
帶入恩恩怨怨的幻想世界。但是歐洲的電視就
不相同。他的第一個反應是它有點裝腔作勢，
相當沈悶，雖然偶然也有精彩的時候。但最後
結果是，他一家人告別電視，去找別的娛樂
了。

　　由是而觀威廉斯，一個歐洲傳統的英國人
對兩種電視的評價，很可以看到一些難能可貴
的東西。他發現，這兩種電視不但觀眾選擇的
節目不同，而且基礎結構互不相同。英國電視
倡導的公共服務模式，仔細分析起來似失於抽

象，而且有時候顯得被動。他認為這個特點顯而易見是觀眾的階級特徵使然。換言之，BBC和ABC的教化節目，觀眾大都是中產階級，他們是統治階級意識形態的順民，灌輸什麼，就接受什麼。與之相反，美國的商業電視模式，則將它的內容擬人化，允許觀眾參入其中，比如系列肥皂劇。威廉斯指出，商業電視有它自己獨特的知識形式，它並不缺乏學界認為唯BBC才有的電視形式。自然，它偏愛幻想形式，可是何以見得幻想同知識格格不入呢？要之，所謂BBC才是真正的電視，商業電視不過是它的通俗形式，不求思考，只求聲色娛樂的正統觀念，就應當質疑了。

《電視：技術與文化形式》中威廉斯提出了一個很有名的「流程」（flow）概念。他說，電視的節目日以繼夜，沒有止息，是一個持續不斷的流程，誰想看就看，什麼時候想看就什麼時候看。這與傳統的文化表達形式迥然不同。傳統的傳播系統中，不論是一本書、一本小冊子，還是一齣戲，研究和分析的對象總

是聚集在單一的、不連續的文本上面。由此我
們作出的反應和描述的辭彙，都已習慣於被緊
緊鎖定在這特定的、孤立的對象形式上面。但
是電視就不相同，電視用威廉斯的話說，是體
現了「公共交流與日俱增的不斷變化性和包羅
萬象性」。資訊四面八方包抄過來，源源不斷
流淌而出，而且彼此重疊，彼此衝撞。這樣一
種電視的滾滾流程，委實叫習慣了傳統閱讀的
觀眾就像他本人，目不暇接，以致一時都招架
不過來。簡言之，速度和變化，這是威廉斯在
電視文化上看出的社會發展的一種新的趨勢、
新的經驗。如果我們將這趨勢和經驗冠名爲後
現代主義，未必就言過其實。事實上，威廉斯
以上的看法，同巴赫金（M. M. Bakhtin）對文
化的闡釋，就很可以溝通起來。巴赫金認爲文
化就是不同形式和樣式持續不斷的交互作用、
制衡、衝撞、競爭以及影響。這樣一種動態的
文化觀，當然更適合現代人的口味。

　　布希亞（Jean Baurdrillard）對電視的看法
與威廉斯也有相似處。這位法國社會學家更爲

人熟知的是他對大眾傳媒的細緻分析。這一定
程度上也得益於他與加拿大社會學家麥克魯漢
（Marshall McLuhan）的相熟和相知。麥克魯
漢自一九六四年推出他的《理解傳媒》，對大
眾傳媒在當代世界的迅速傳播及其後果作深入
探討，被公認是傳播學中的代表人物。布希亞
受麥克魯漢的影響，頻頻著述闡釋大眾傳媒對
現代社會產生的影響，比照批判理論對大眾文
化的一面倒與否定，給人一種耳目一新的感
覺。首先，對電視這一揹上最多惡名的大眾文
化形式，布希亞就作了辨證闡釋。在他的著名
文章〈交流的狂喜〉中，他指出電視入侵了家
庭這個過去的私人空間，改變了我們的生活習
慣，使得人們長時間鎖定在起居室裏電視螢幕
之前。我們成為大眾傳媒迴圈中，一個許多介
面不斷連接、接觸、反饋、概括的王國裏的組
成部分。另一方面，布希亞同樣強調，電視是
促成符碼和擬像（simulacrum）在日常生活中
的迅速傳播，是傳媒一種主要的仿真（simula-
tion）手段。人只要打開電視就能在家裏感知

和接受世界，它所製造出來的「超現實」
（hyperreality），比現實本身顯得更眞。故以往
傳媒被視爲現實的表象和反映的時代，是一去
不復返了。這樣一個似眞亦幻的世界，探求它
的本質眞是談何容易：

> 識別這個世界是徒勞的。就是自己的面
> 容，我們也不能識別它。因爲鏡子會使勻
> 稱的五官變樣。要看到它現在實際的樣
> 子，那眞是發瘋。因爲我們對自己不會再
> 有秘密，透明會使我們頹喪。人類是否已
> 向這樣一種形式演化？……其實，任何物
> 體都是這樣，都是在最終變了樣後才到達
> 我們面前，包括科學螢幕上的、資訊反饋
> 裏的、我們大腦印象中的。任何事物都是
> 這樣出現，並不希望有異於對它們的幻
> 覺。事實也正是如此。[4]

值得注意的是，布希亞認爲，大眾傳媒加
強了人們思想觀念和日常經驗的一體化過程。
誠然，透過迎合大眾心理，用娛樂場面來複製

大眾的興趣口味和生活方式，大眾傳媒是從外
部來統一大眾的意識，但問題在於在這統一的
過程當中，傳媒是吞噬了資訊、消除了意義。
一個例子是大眾傳媒將火熱的體育比賽、戰
爭、政治動亂和災難等等，冷卻成了媒體事
件，使之失去現場的熱情。這樣來看，麥克魯
漢提出的「熱」媒體和「冷」媒體的區別，實
際上是已經消失了。故而大眾傳媒中，觀眾和
聽眾是處於一種平面的、單向度的經驗之中，
被動地接受和拒斥意義，而非積極地參與到意
義的流動和生產過程中去。這意味大眾已被大
眾傳媒塑造成一種漠然無衷的「沈默的多
數」，他們在接受資訊和形象的同時便也消除
了這些資訊和形象的意義。由此帶來的一個結
果，是知識分子不復是傳統社會中觀念的傳播
者和灌輸者，大眾也不復是傳統社會中被動的
觀念接受者；相反，大眾傳媒時代大眾開始用
「沈默」來對抗傳媒的主宰和知識分子的統治
企圖。布希亞強調說，這沈默是一種權力、一
種回應、一種策略，它不是被動的表現，反之

　　恰恰是終結宏大的政治和資訊操縱系統的努
力，藉此大眾以沈默對上面強加下來的政治
的、社會的、文化的控制企圖，作出了他們自
己的回答。

　　　　布希亞有一個稱號叫做「後現代的大祭
師」，其實，在後現代主義陣營中，更有為電
子傳媒放聲歌唱的人物。一個例子是德國哲學
家沃爾夫岡・威爾什。威爾什為今日社會的
「後現代」特徵所作的一系列辯護中，最引人
注目的是他為電子傳媒所作的哲學說明。他甚
至設想由此來描述一種現象學，並稱他的現象
學方法不是胡塞爾的那種超驗現象學，而是更
重視知覺的現象學，如梅洛・龐蒂和其他一些
哲學家，他們從現象學出發，到達的則是種審
美思維。

　　　　一九九七年出版的《重構美學》一書中，
威爾什多次舉過電視的例子。在批判理論的視
域中，好萊塢電影擠走了作為高雅藝術的戲
劇，可是反過來電視又霸佔了電影的地盤。但
是威爾什稱電視是種最奇妙的經驗，僅就節目

預告而言，他說，我們看到一條幻影從畫面深
處撲面而來，然後轉化成三度的形體，如冥冥
中有一隻魔手推動，飛升、旋轉、騰挪，轉眼
變成了一個二度的結構。真實世界中不存在這
種現象。物理學不能容忍這類沒有重量的運動
和神出鬼沒的變化，在這裏形體失去了它們的
慣性、阻力和厚實性。它們變成了光，漂浮輾
轉出奇妙迷人的運動，自由自在、千變萬化、
經久不衰，且內容可以隨心所欲予以設置。這
樣一種「存在之輕」，甚至具有現實意義，比
如它至少暗示了，萬事萬物也一樣可以變化。
電視的現實不再是無所不包、無以逃避；相反
它是可選擇的、可改變的、可攜帶的，當然也
可以逃避。倘若不中意，你只消換一換頻道。
頻道轉換之間，我們就在實踐著現實世界的非
現實化。

　　綜上所述，可見電視展示的社會和世界的
變化，使得大眾與知識分子之間形成了一種微
妙的新型關係。僅就布希亞所言的大眾可以以
沈默對上面強加下來的政治的、社會的、文化

的控制企圖，作出了他們自己的回答而言，這
關係對於當代知識分子的位置和策略調整，應
當說無論如何也是發人深省的。

## 第二節　霍爾論製碼／解碼

　　伯明罕中心的第一任主任係一九六四年由
霍加特出任，一九七〇年代，中心在他的繼任
者霍爾主持下，成為舉世矚目的新理論中心。
霍爾本人與霍加特和威廉斯有所不同，他的名
聲不是基於他自己的哪一本書，而是在於交織
在熱烈論爭之中的文章和文集序言。如〈解構
「大眾」筆記〉一文中，霍爾逐次分析過大眾
文化的不同定義。霍爾指出，首先，拿最常用
的含義來說，事物被稱為「大眾的」，是因為
成群的人聽它們、買它們、讀它們、消費它
們，而且似乎也盡情地享受它們，這是這個概
念的「市場」或商業定義。其次，大眾文化指
「大眾」在做或者曾經做過的一切事情。它接

近大眾概念的「人類學」定義：「大眾」的文
化、社會習慣、風俗和民風，總而言之，所有
那些標誌他們「特殊生活方式」的東西。最
後，也是霍爾本人看好的定義：用關係、影
響、抗衡等等綿延不斷的張力來界定「大眾文
化」，集中探討大眾文化與統治文化之間的關
係。換言之，它把文化形式和文化活動的領域
看成是變動不居的，然後考察使統治文化和附
屬文化之間的關係得以表出的那個過程。這裏
的焦點就是文化間的關係和霸權問題。

　　在〈文化、傳媒與「意識形態」效果〉一
文中，霍爾分析過葛蘭西的霸權概念。霸權意
味統治階級通常不是透過直接強迫，而是透過
被認可的方式，將權威加諸其他階級，於是將
一切異端，都框架在他們自己的思想視野內
部。但霸權並不是單純由某一個統一的統治階
級支撐，而是由數個不穩定的特定聯盟所維
持。進而視之，霸權不是一種永恒的狀態，而
總是必須由這些統治階級派別來主動爭取並且
鞏固。因此，它同樣也可能喪失。雖然這樣，

　　總的趨勢是整個社會的、倫理的、精神的和道
德的生活，主動適應著生產系統的需要。爲此
霍爾稱讚阿圖舍的「支配」理論，指出這一理
論是突出了再生產這一關鍵概念。阿圖舍批評
早年的馬克思是把社會看作單一的結構，處處
都最終爲經濟制約；而據阿圖舍觀之，社會組
構是一系列複雜的實踐，每一種實踐都有它自
己的特性，它自己的相對獨立性。無論是經濟
的、社會的、政治的抑或意識形態的實踐，都
無以分崩化解變成他方。但即便如此，它們依
然是統一在一個統治意識形態之下。

　　但是霍爾的興趣在於大眾傳媒特別是電
視，而不是阿圖舍認爲是維持統治意識形態關
鍵機體的學校和家庭。霍爾指出，大眾傳媒的
現代形式最初是出現在十八世紀，是隨著文學
市場的發展興起，藝術產品成了商品。到二十
世紀，大眾傳媒對文化和意識形態領域的殖民
是如此成功，它們一舉奠立了領導權、霸權和
統治。但不同於法蘭克福學派的一般作風，伯
明罕中心的理論家們發現觀眾有可能用他們自

己的方式給「統治話語」解碼，他們的反應未必一定是機械的，就像阿多諾和霍克海默判定的那樣。誠然，統治意識形態選定它的意義來編碼，彷彿自然而然，就是理性自身，但是觀眾卻可以用反抗霸權的方式來解碼，由此遁出統治階級的大眾文化意識形態控制。霍爾討論電視話語的著名文章〈電視話語的製碼和解碼〉，表達的同樣也是這一觀點。

　　〈電視話語的製碼和解碼〉一文原寫於一九七三年，是伯明罕當代文化研究中心的一篇油印文章，修改後收入一九八〇年出版的《文化、傳媒、語言》一書中，後被人援引轉載不計其數。在大眾文化和大眾傳媒的研究中，被認為是擺脫悲觀主義陰影的一篇劃時代的文獻。霍爾文章的中心內容是電視話語「意義」的生產與傳播，其理論基礎來自馬克思主義政治經濟學理論的生產、流通、使用（包括分配或消費）以及再生產四個階段。霍爾提出，電視話語「意義」的生產與傳播也存在同樣的階段。就電視話語的流通而言，可劃分為三個階

段。每一階段都有相對獨立的存在條件。[5]

　　第一階段是電視話語「意義」的生產，即電視專業工作者對原材料的加工。這也是所謂的「製碼」階段。如何加工（加碼）？加工成什麼樣子？比如拍什麼題材、怎麼拍、鏡頭比例、鏡頭時間長短如何、用不用特寫等等，取決於加工者的知識結構以及生產關係和技術條件等因素。這一階段佔主導地位的是加工者對世界的看法，如世界觀、意識形態等。由於代碼是解讀符號和話語之前預先設定，已經存在於加工者腦海之中，就像作為語言代碼的語法，被看作是自覺自然的過程，人們常常沒有意識到它的存在。一如人不懂語法照樣說話不誤。意義的產生公認取決於代碼系統，正好比沒有語法句子就不能產生意義。但霍爾說，文化代碼雖然很早就被結構入文化社區之中，它卻常常想當然被認為是自然的、中立的、約定俗成的，沒人會懷疑代碼系統本身的合理性。故文化研究的任務之一，即在於如何打破代碼，將意義釋放出來。他指出，毫無疑問字面

誤解是的確存在的。觀眾不懂使用的術語，不
能跟隨爭論或展示的邏輯，不熟悉語言，覺得
概念太陌生或者太難，被闡述的敘事所欺騙。
但更常見的，則是播音員擔心觀眾不懂他們所
預期的意思。他們真正要說的，其實是未能將
觀眾把玩於他們「建議」的「支配」代碼之
中。

　　第二階段是「成品」階段。霍爾認為，電
視作品一旦完成，「意義」被注入電視話語
後，佔主導地位的便是賦予電視作品意義的語
言和話語規則。此時的電視作品變成一個開放
的、多義的話語系統。傳統電視理論認定電視
資訊的代碼約定俗成，電視圖像被認為是直觀
的、客觀的，不可能做假。所以儘管觀眾不
同，不可能有與製碼者不同的解讀。但霍爾指
出，電視的資訊是「多義的」（polysemic），
卻不是「多元的」（pluralistic），霍爾指出：

　　因為圖像話語將三度空間世界轉換成二度
　　平面，它自然就不可能成為它所指的對象

或概念。電影裏狗會叫卻不會咬人。現實
存在於語言之外，但是它永遠須依靠語言
並透過語言來作仲介，我們的一切所知和
所言，必然存在於話語之中並透過話語而
得產生。話語「知識」不僅產生於「真實」
之清晰的語言表達，而且還是表述了語言
對真實的關係和條件。所以沒有代碼的運
作，就沒有明白易懂的話語。[6]

　　由是觀之，電視圖像越自然，越有偽裝
性。這是因為圖片和形象的意識形態性，比語
言更難察覺。霍爾說，這是因為意義並非完全
由文化代碼預設，意義在系統中是由接受代碼
決定的。這是說，電視文化提供的產品是「意
義」，但「意義」可有多種解釋，符號的意義
跟所給事實不一定符合，觀眾完全可以解讀出
不同的意思。各人得到的意義是並不相同的。

　　第三階段也是最重要的階段，是觀眾的
「解碼」階段。這裏佔據主導地位的，仍然是
意識形態問題，如觀眾的世界觀和意識形態立

場等。觀眾面對的不是社會的原始事件，而是
加工過的「譯本」。觀眾必須能夠「解碼」，
才能獲得「譯本」的「意義」。換言之，如果
觀眾看不懂，無法獲得「意義」，那麼觀眾就
沒有「消費」，「意義」就沒有進入流通領
域，而最終是電視「產品」沒有被「使用」。
用霍爾的話說，如果意義沒有在實踐中清楚地
表達出來，意義就沒有效果。不過，如果觀眾
能夠解碼，能看懂或「消費」電視產品的「意
義」，其行為本身就構成一種社會實踐，一種
能夠被「製碼」成新話語的「原材料」。這樣
一個過程，透過話語的流通，「生產」成為
「再生產」，然後又成為了「生產」。換言之，
意義和資訊不是簡單被「傳遞」，而是被生產
出來的。

　　有鑑於以上理論，霍爾提出可以設想有三
種解碼立場：

　　第一種與權力密切相聯，是從葛蘭西霸權
理論中生發下來的「主導－霸權的立場」
（dominant-hegemonic position）。它假定觀眾的

解碼立場跟電視製作者的「專業製碼」立場完全一致，比如電視觀眾直接從電視新聞或時事節目中讀出意義，根據將資訊編碼的同一代碼系統給資訊解碼，這意味著製碼與解碼兩相和諧，觀眾「運作於支配代碼之內」。這是製碼人所期望的「清晰明白」的傳播模式。如北愛爾蘭政策、智利政變、《工業關係法》的權威闡釋等等，最主要是有政治和軍事精英們制定，他們透過他們的專業代碼，選擇播出的場合和樣式，並挑選職員、組織現場辯論，讓觀眾在無意識中接受意識形態控制。

　　第二種是「協商的代碼或立場」（negotiated code or position）。這似乎是大多數觀眾的解碼立場，既不完全同意，又不完全否定。此一立場承認主導意識形態的權威，認可霸權的合法性，但是在涉及到具體的層面，它就強調自身的特定情況，制定自己的基本規則，努力使主導意識形態適用於它自身所處的「局部」條件。觀眾與主導意識形態，因而始終處於一種充滿矛盾的商議過程。霍爾稱協商代碼最簡

單的例子，就是工人們對《工業關係法》的反應——法案限制罷工，提倡凍結工資——看電視新聞的工人也許會贊同新聞稱增加工資會引起通貨膨脹，同意「我們都必須少得一些，以抵制通貨膨脹」，但這並不妨礙他們堅持自己擁有要求增加工資的罷工權利，或者讓車行和工會組織出面來反對《工業關係法》。霍爾認為，媒介傳播中大多數所謂的「誤解」，就產生於主導——霸權代碼和協商代碼直接的衝突分歧，這是精英們感歎「傳播失敗」的緣由所在。

　　第三種立場是「對抗代碼」（oppositional code）。這是說，觀眾可能一目瞭然電視話語要傳達什麼資訊，完全理解對話語的字面義和內涵意義，但是卻選擇以截然相反的立場來解碼，每每根據自己的經驗和背景，讀出針鋒相對的新的意思來。比如觀眾收看限制工資有無必要的電視辯論，每次都將「國家利益」解讀成「階級利益」。這就是觀眾利用「對抗代碼」在爲資訊解碼，「意義的政治策略」即話語的

鬥爭，由此滲入其中。不消說，三種解碼立場中，對抗代碼是最為激進的一種，雖然推翻製碼的意識形態談何容易，但是它的顛覆態勢，無論如何是不容低估的。

　　上述三種解碼立場，爲電視傳送後來風行不衰的「霍爾模式」，這個模式並不複雜，但是它解決了一個重大問題，即文化產品的意義不是傳送者「傳遞」的，而是接受者「生產」的。意識形態的被傳送不等於被接受。電視觀眾遠不是消極被動的昏昏欲睡的電視蟲。傳送者本人的解釋，並不相等於接受者自己的解釋。這樣來看，主導——霸權意識形態要想把它自己一路推銷下去，並不似它一廂情願期望的那麼簡單，因爲觀眾並不是在被動接受。文本的解碼是一種社會活動，是一種社會談判的過程。觀眾／讀者可以同意也可以反對。而且製碼有製碼的策略，解碼同樣有解碼的策略。這樣一種理論模式，爲文化和傳媒研究帶來了樂觀的一面，下面洪美恩（Ien Ang）解讀電視劇《朱門恩怨》的個案，無疑也顯示了這一

點。

# 第三節　《朱門恩怨》與大眾文化意識形態

　　如果說霍爾〈電視話語的製碼與解碼〉一文還停留在理論層面，那麼，現執教澳大利亞西澳大學的荷蘭裔女學者洪美恩，在一九八五年出版的《看「朱門恩怨」：肥皂劇和情節劇想像》中，就是從經驗層面來探討電視話語了。所謂經驗層面也就是調查、歸納、總結的傳統方法，它不比高屋建瓴的宏大敘事來得有氣派，但是很能解決實際問題。這就是近年來文化研究中風行不衰的民族誌的方法。民族誌（ethnograghy）又譯人種學，是一種實地調查研究方法，主要來源於人類學研究。民族誌的方法試圖進入一個特定群體的文化內部，「自內而外」來展示意義和行為的說明。這當然需要付出殊為艱辛的勞動。用法國社會學家布爾迪厄（Pierre Bourdieu）的話說，這就是「下

廚房把手弄髒的活兒」。

　　洪美恩的研究對象是一九八〇年代風靡歐
洲的美國電視連續劇《朱門恩怨》。當時在荷
蘭撰寫碩士論文的她在一婦女雜誌上登了一則
啓事，說她喜歡看《朱門恩怨》，但總是得到
一些古怪的反應。希望讀者把自己的看法告訴
她，爲什麼喜歡？或者爲什麼不喜歡？結果洪
美恩得到四十二封回信，反應從喜歡到不喜歡
直到討厭，各不相同。《看〈朱門恩怨〉》就
是對這四十二位觀眾來信的分析，其中三十九
位是女性。

　　洪美恩指出，《朱門恩怨》不僅四海爭
睹，而且處處都在議論，關於這個節目，說
的、寫的多不計數。這些關於《朱門恩怨》的
公共話語提供了一個框架，其間可以回答諸如
此類的問題：我必須怎樣來思考這一類電視連
續劇？我可以採用什麼論點，以使我的看法令
人信服？我必須怎樣應對持有不同觀點的人？
誠然，今天許多歐洲國家，其官方都對美國電
視劇表現出種種厭惡感，認爲它們威脅到自己

的民族的文化，總體上損害他們高標準的文化
價值。在這一意識形態背景中，職業知識分子
如電視批評家、社會科學家和政治家等，就對
美國電視連續劇處心積慮，下大力氣創造了一
種她稱之爲「大眾文化意識形態」的批判理
論。認定《朱門恩怨》這一類電視劇，其必要
的成分無非是浪漫愛情、善惡衝突，以及懸
念、高潮和懸念的最終解除等等，總之它們成
功實現了第一位的經濟功能，再現了資產階級
意識形態，同時又沒有喪失它們對不同觀眾群
的吸引力。

　　由是觀之，《朱門恩怨》一類系列電視
劇，就是「壞大眾文化」。比如有的觀眾來信
中就說，她覺得《朱門恩怨》對我們這個世界
的現實問題，根本就不加理會，她寧願去讀一
本好書，或者看一齣好節目。不過把來信整理
下來，洪美恩發現有三種人可以代表對《朱門
恩怨》的三種不同態度：不喜歡《朱門恩
怨》、嘲諷《朱門恩怨》，和喜歡《朱門恩
怨》。問題在於：是讚揚也好，諷刺也好，責

罵的也好，這些觀眾都明白無誤在觀看《朱門
恩怨》。

　　就聲稱不喜歡《朱門恩怨》的觀眾來看，
既然不喜歡，何以再看？洪美恩發現，上述一
味批判的大眾文化意識形態，並不限制在職業
知識分子的小圈子裏。那些不喜歡《朱門恩怨》
的普通老百姓，同樣是深得它的要領。他們的
推論一路翻騰下來成了這樣：《朱門恩怨》當
然是壞東西因為它是大眾文化，這就是我不喜
歡它的原因。於是大眾文化成為獲取快感的藉
口，得以讓這部分觀眾口頭聲討，同時心安理
得坐定觀看這個節目。又有邏輯，又合情理。

　　其次，嘲諷《朱門恩怨》的觀眾，洪美恩
認為，這些觀眾一方面理智上批判這部肥皂劇
體現的美國文化商品化性質，是在最大程度榨
取利潤，一方面又樂此不疲，是在諷嘲中達到
了平衡。嘲諷的觀眾喜歡的不是內容，而是透
過內容帶來的嘲諷效果。嘲諷產生距離，這距
離也是對內容的距離。對此洪美恩援引傅柯
（**Michel Foucault**）指出，評價是一種居高臨

下企圖支配客體的話語，透過評價表現出的，
是自己對所評事物的一種支配性權力。另一個
後援是佛洛伊德，他也講過諷刺是基於一種逆
反機制，把別人說的話倒轉過來，欲表達的正
是別人所言的反面。大眾文化意識形態和喜歡
《朱門恩怨》之間的衝突，就這樣在諷嘲的平
衡機制中倏然間消失無蹤，蓋此類諷刺乃經驗
快感的首要條件是也。

　　洪美恩談得最多的是喜歡《朱門恩怨》的
觀眾，明知「這不是好東西」，卻無可救藥，
一投鑽了進去。他們與大眾文化意識形態又有
什麼關係？先看下面這封來信，這是一位《朱
門恩怨》憎惡者試圖同喜愛《朱門恩怨》的人
劃清界線：

　　　　我也不懂為什麼這麼多人看它，有許多人
　　　　錯過一個星期，就是了不得的大事。在學
　　　　校裏，星期三上午你一露面，就真正發覺
　　　　成了它的天下，「看了《朱門恩怨》嗎？
　　　　是不是棒極了？」好幾次我真的生氣了，

因為我發現看它純粹是浪費時間……然後
你聽到他們說，劇中某某人發生了某某事
情，他們熱淚盈眶，我根本就是弄不懂。
在家裏他們通常也看這個節目，於是我總
是上床睡覺。[171]（第三十三封信）

　　洪美恩指出，這位寫信人是以否定的方
式，刻畫那些喜歡《朱門恩怨》的人。根據大
眾文化意識形態，肯定不會給愛看《朱門恩怨》
的熱情觀眾畫出一幅優雅圖像。他們被表現為
「趣味的人」、「文化專家」或「不為商業文化
工業廉價詭計誘惑的人」的對立面。不妨再看
另一封信：

我同樣常常不解的是，當你說你喜歡《朱
門恩怨》，別人的反應就很「古怪」。我
想我認識的每一個人都在看它，可是我的
一些朋友對這齣連續劇卻情緒異常激動，
甚至發展到對一個普通電視觀眾來說近於
危險的地步。（第二十二封信）

　　這是《朱門恩怨》愛好者的來信，信中講
到別人對她看《朱門恩怨》的熱情反應很「古
怪」，注意「古怪」正是洪美恩那則啓事上用
來描述別人對她反應的語言。還有人來信說，
她每個星期二晚上總是千方百計要看《朱門恩
怨》，可是她政治科學專業的同學，對此都露
出難以置信的神色！那麼，《朱門恩怨》的愛
好者們又作何反應？他們知道他們的這一反面
形象嗎？爲此心有不安嗎？

　　據洪美恩觀之，《朱門恩怨》的愛好者們
同樣受制於大眾文化意識形態，也就是說，他
們同憎惡者和諷刺式愛好者一樣，對大眾文化
意識形態的態度其實是相當一致的。但是，他
們分別以他們自己的方式，對這一意識形態作
出回應，雖然從中頗可見出一種緊張態度。比
如下面這封來信：

　　　　我就是想說一說關於你刊登《朱門恩怨》
　　　的啓示。我本人喜歡《朱門恩怨》，每當
　　　悲劇發生（其實差不多每集都有），我就

淚流滿面。在我的圈子裏，人們同樣對它
不屑一顧，他們發覺它是典型的商業節
目，遠在他們的標準之下。我發現看這類
節目最能放鬆，雖然你非得費心觀察這類
節目可能產生的影響，它的角色確證、它
的「階級確證」，如此等等。如果你覺得
有哪一種廉價的情感果真打動了你，那同
樣也是有益的。（第十四封信）

　　洪美恩指出這封信是典型的正話反說。寫
信人不直接回答她那則啓事中提出的問題，即
爲什麼這樣喜歡《朱門恩怨》，卻把自己幽閉
起來，同樣祭出大眾文化意識形態的某種理
由，來對付她周圍「不屑一顧」的反應。她沒
有對這一意識形態確立一種獨立態度，而只是
拿捏過了它的道德。但是她用這些道德在同誰
說話？她自己嗎？或者是知音如她洪美恩？寫
信人彷彿是要爲她喜歡《朱門恩怨》這一事實
辯護，表明她其實知道它的「危險性」、它的
「詭計」，換言之，知道《朱門恩怨》是「壞大

眾文化」。下面的信中可以讀出同樣的理由：

> 事實上這是逃避現實。我是一個現實的
> 人，我知道現實是不同的。有時候我真想
> 同他們一道嚎啕痛哭一場。為什麼不？這
> 樣，我其他那些久被封閉的情緒可以有個
> 發洩口。（第五封信）

換句話說，如果你知道它不是眞實的，因
而是「壞的」，如此觀看《朱門恩怨》，便毫無
問題了。

另一方面，洪美恩也發現了眞正向大眾文
化意識形態發起挑戰的寫信人。如第十三封信
就明確提出，許多人發現《朱門恩怨》分文不
值，或者是沒有內容。但是她覺得它確實有內
容，比如劇中的這一句話：「金錢不能買到幸
福。」看過《朱門恩怨》的人，肯定能有類似
的感受。但洪美恩認爲，這裏對大眾文化意識
形態的反對意見，依然局限在此一意識形態的
範疇內部。針對「沒有內容」（＝「壞的」）的
看法，我們看到相反的見解「確實有內容」

（＝「好的」）。「內容」這一範疇（因此有了「好的」/「壞的」之分）由此得到確立。這位寫信人在「談判」，因為她處在大眾文化意識形態創造的話語空間內部，她沒有置身於它的外部，沒有站在相反的意識形態立場上來說話。

　　現在的問題是，為什麼《朱門恩怨》的愛好者們覺得需要守衛自己，來防禦大眾文化意識形態？洪美恩說，他們很顯然感覺到了在受攻擊。他們無法規避大眾文化意識形態的準則和判斷，可是他們必須站出來反對這些準則和判斷，以使能夠喜愛《朱門恩怨》，不至於非得放棄這一快樂。但是處心積慮構築防禦陣地，永遠不是叫人高興的事情，它顯得被動而又軟弱，而且差不多總是不那麼自在。比如第十一封信就說，她是每個星期二必坐在電視機前，看《朱門恩怨》的那些人。她坦率承認她現在愛看這部連續劇了，對此她自己也驚詫不已。因為她一開始也是有一種，我心有內疚的感覺，覺得不應該如癡如醉迷戀這種毫無道德

意義的廉價電視劇，但是現在看法不一樣了。

洪美恩對這封信的評點是，寫信人說「我自己也驚詫不已」。換句話說便是，「我原本沒有想到」。她產生內疚感，這完全是因為她沒有逃脫大眾文化意識形態的宣判力量，沒有避免給《朱門恩怨》貼上「毫無道德意義的廉價電視劇」標籤。

最後，洪美恩發現大眾文化意識形態的另一種防禦機制不是別的，還是諷刺。不過此諷刺和前者不作質疑就給整合到看《朱門恩怨》經驗中去的彼諷刺不同。她數度引了下面一封信：

> 我給深深捲入電視的故事裏邊，發現這齣連續劇裏，除了艾麗葉小姐外，大多數人物糟糕透頂。我同樣發現他們特別醜。約克是因為他缺乏一個正確審美的頭腦。帕美拉是因為她非得顯出事實聰明，我發現這一點很「普遍」。我不能忍受劇中每個人都認為她很性感，因為就像多麗·帕爾

頓那樣，她長了一對大乳房。蘇・埃倫真是可憐，她完全給酒精弄垮了。J. R. 不消解釋。我一直對他興趣不減，因為我總是覺得，有一天他的那張木頭面具會掉下來。鮑比我發覺他不過是個傻東西，我總是叫他「水中呼吸器」（劇中他先時的角色）。他們是一群悲哀的人，這樣誠實，富得流油，他們追求完美，可是沒有誰是完美的。（第二十三封信）

洪美恩指出，對於這位寫信人來說，她與《朱門恩怨》劇中人的距離是巨大的。這距離見證了她的冷嘲熱諷。儘管這樣，她的敘述中滲透著一種親切感，顯示她對這部劇作迷戀之深，如「我給深深捲入」、「我不能忍受」等等。一邊是置身局外的冷嘲熱諷，一邊是一往情深的捲入其中，兩者很難協調起來。所以，同一封信中進而講到，她在公共場所看《朱門恩怨》時，冷嘲熱諷就佔了上風：

我注意到我是把《朱門恩怨》當作一個模

型，來思考我與他人的關係中，並發現什麼是好的、什麼是壞的。**每當我同一群人一起觀看**，我這體會特別深切，因為這時候我們通常都沒法閉嘴，我們肆無忌憚大喊大叫！雜種！母狗！（對不起，可的確是情緒高漲！）。我們有時候也試圖弄清楚埃文一家人都在幹些什麼。蘇・埃倫得了產後憂鬱症，所以她討厭她的嬰孩。帕美拉其實挺好，她受苦是因為蘇・埃倫的妒嫉。J. R. 是草木皆兵，你從他那半笑不笑的神色，就可以看出來。（第二十三封信，作者黑體）

洪美恩發現諷刺性的評論在這裏表徵為社會的實踐。上文中的「我」突然轉化為「我們」，就證明了這一點。那麼是不是可以說，這位寫信人強調必須持一種諷刺性的觀看態度，從而同《朱門恩怨》拉開距離，是緣起於某種意識形態氛圍產生的社會控制，而在此一意識形態中，「真正」喜愛《朱門恩怨》差不

多就是禁忌？不管怎麼說，還是這封信中，寫
信人一旦用「我」來說話，親切感又回露出
來。諷刺因而消失在背景之中。寫信人講到她
發覺劇中人物都有點傻、太多愁善感，是多情
的真正的美國人。又說，她的確體會到了他們
的審美理念，看他們怎樣做頭髮，他們精彩的
對話給她印象很深，如此等等，洪美恩說，真
正的喜愛與諷刺，兩者都決定了這位寫信人敘
述《朱門恩怨》的方式。顯而易見，兩者是難
以協調的：真正的喜愛涉及認同，諷刺則製造
距離。

　　對《朱門恩怨》的這一矛盾態度，洪美恩
指出，是因為寫信人一方面她認可了大眾文化
意識形態的權威，至少在社會語境之中；但是
另一方面，又「真正」喜歡違背了這一意識形
態的《朱門恩怨》。諷刺意味因此是在「社會
層面」之中，由此成為他們「真正」喜好這部
電視劇的一種屏障。換言之，諷刺在這裏是一
種防禦機制，這位寫信人試圖用它來實現大眾
文化意識形態確立的社會規範，雖然私下裏，

她是「真正」喜歡《朱門恩怨》。

　　從上面的例子中，洪美恩認為可以得出兩個結論：

> 首先，《朱門恩怨》的上述戲迷們似乎自然而然、心甘情願地認可了大眾文化意識形態：他們開始同它來打交道，無法視而不見。它的規範和處方對他們產生壓力，所以他們覺得必須為自己辯護，來防禦它。其次，從他們的信中可以看出，他們採取了形形色色的防禦策略：一個人乾脆就把大眾文化意識形態內在化，另一位試圖在話語框架內部開啟談判，還有一位使用表面諷刺。因此可以說，沒有一種一目瞭然的《朱門恩怨》防禦策略可供戲迷們使用，沒有清楚明白的另一種意識形態，可用於對抗這大眾文化意識形態——至少在說服力和一貫性方面，沒有什麼可以同大眾文化意識形態匹敵。[8]

　　因此，洪美恩說，這些寫信人是在各式各

樣的話語策略裏尋找庇護，然而，它們無一似
大眾文化意識形態的話語那樣「千錘百煉，井
井有條」。這些策略既然支離破碎欠缺完整，
自然也就矛盾叢生。簡言之，這些戲迷們似乎
無以採納一種有力的意識形態立場，一種身
分，由此它們可以不管大眾文化意識形態，理
直氣壯地說：「我喜歡《朱門恩怨》，因為……
…」。

　　但是從另一方面看，大眾文化意識形態的
權力其實也有局限，這就是它的影響主要限於
觀念和理論，而觀念和理論未必一定就能管住
社會實踐。甚至可能大眾文化一統天下的規範
話語，對大眾實踐中的文化愛好，恰恰產生一
種反作用。以致大眾不是出於無知或缺乏知
識，而是出於自尊，因而拒絕臣服於大眾文化
意識形態的規範，或者聽任它來主宰他們的愛
好，一如布爾迪厄在他《文化的貴族》等著作
中闡述的那樣。要之，大眾文化意識形態的標
準愈是嚴厲，它們愈被認為是種壓迫力量，而
它的意識形態效果，自然也就是適得其反。

　　洪美恩引布爾迪厄《文化的貴族》和《傳媒、文化與社會》兩書中的觀點，指出大眾文化意識形態是忽略了大眾的審美要求、忽略了主體的情感和快感。現在清楚了，作爲知識分子和女性主義者，洪美恩清醒意識到《朱門恩怨》的意識形態功能，清醒對它持有批判立場。但是她喜歡看這個節目，因爲節目帶來快感。洪美恩研究的結果之一，就是發現電視劇帶來快感的不是內容，而是形式，即敘事結構。這敘事結構與內容，和美國價值或美國文化沒有關係，它不是大眾文化意識形態的幫兇。如肥皂劇中的惡棍，其敘事功能不過就是讓故事繼續下去。惡棍負隅頑抗，絕不罷休，什麼時候認輸了，故事也就完結了。此外，尤其肥皂劇，是一種情節劇想像，甚還是一種拒絕現實平庸生活的表達。肥皂劇不能視爲人生悲劇，它還沒達到那一境界。在情節劇想像中生活無聊的失落感被位移，取而代之的是快感。觀眾由此在觀看中得到了種報復的快感。

　　大眾對於文化製品的「審美」要求，洪美

恩強調，沒有「所羅門審判」可言。大眾的美
學本質上是多元的、隨機的，其文化對象的意
義可以因人而異、因地而異。它的基礎在於肯
定文化形式和日常生活的延續性，在於期望參
與和情感投入。換言之，大眾審美要求中，首
當其衝的就是快感，而快感是個人的事情。
《朱門恩怨》帶給觀眾的就是一種快感，或者
說快感消費。快感在看電視的過程中實現，收
視時的快感與意識形態的效果無關。所以，具
有顛覆意義和革命意義的快感，明顯是給大眾
文化意識形態所忽略了。大眾文化意識形態將
責任感、批評距離和審美的純粹性放在中心，
要道德不要快感，將後者發落為某種不相干的
不合法的東西。就這樣，大眾文化意識形態，
完全置自身於大眾審美的框架之外，終而免不
了紙上談兵的悲哀。

　　由是而觀，歐洲對美國文化娛樂價值和快
感不屑一顧的敵對情緒，難道不正是表現了知
識分子對大眾文化的敵意嗎？而這敵意不是來
自知識分子話語如大眾文化意識形態嗎？在此

一強大主流意識形態的陰影下，致使大眾文化
的愛好者產生一種負罪感，而觀眾從中得到的
快感以及大眾文化的娛樂價值，則被忽略不
計。知識分子對大眾文化遠沒有大眾自己來得
熟悉，他們偶爾看一點，動輒便用一種不信任
的態度，居高臨下祭起文學價值的尺度，全盤
否定大眾文化的整個敘事方式。這一切難道都
是公平的事情嗎？霍爾的製碼／解碼理論以及
洪美恩對《朱門恩怨》的觀眾調查研究中，顯
示了電視觀眾在資訊接受方面是「主動的、積
極的」，而不似文化批判家眼中那樣是「被動
的、消極的」。這一結論無論如何是鼓舞人心
的。觀眾積極主動與文本交涉的能力，和普通
觀眾／讀者老到的批判能力，我們發現，其實
是被大眾文化意識形態大大低估了。

# 註　釋

[1] 約翰・道克爾，《後現代主義與大眾文化》，康橋，康橋大學出版社，1994年，第45-46頁。( John Docker, *Postmodernism and Popular Culture*, Cambridge: Cambridge University Press, 1994. )

[2] 雷蒙・威廉斯，《電視：技術與文化形式》，倫敦，豐塔納/科林斯出版社，1974年。第91頁。( R. Williams, *Television: Technology and Cultural Form*, London: Fontana/Collins, 1974. )

[3] 托馬斯・麥凱恩，《無形的影響：歐洲觀眾研究》，《媒介》，1985年，13，4/5，第74頁。( Thomas McCain, " The Invisible Influence: European Audience Research", *Intermedia*, 1985, 13, 4/5. )

[4] 布希亞，《完美的罪行》，商務印書館，2000年，第11頁。

[5] 霍爾等，《文化，傳媒，語言》，倫敦，哈欽森出版社，1996年，第128頁。( Stuart Hall, D. Hobson, A. Lowe and P. Willis, ed., *Culture, Media, Language*, London, Hutchinson, 1980. )

[6] 霍爾等，《文化，傳媒，語言》，倫敦，哈欽森出版社，1996年，第131頁。( Stuart Hall, D. Hobson, A. Lowe and P. Willis, ed., *Culture, Media, Language*, London, Hutchinson, 1980. )

[7] 洪美恩，《看「朱門恩怨」：電視劇和情節劇想像》，倫敦，麥斯恩出版社，1985年。( Ien Ang, *Watching Dallas: Soap Opera and the Melodramatic Imagination*, London: Methuen, 1985. )

[8] 洪美恩，《看「朱門恩怨」：電視劇和情節劇想像》，倫敦，麥斯恩出版社，1985年，第113頁。

# 參考書目

Adorno T., *The Cultural Industry*, London: Routledge, 1991.

Ang, Ien, *Watching Dallas: Soap Opera and the Melodramatic Imagination*, London: Methuen, 1985.

Arnold, Matthew, *Culture and Anarchy*, Cambridge: Cambridge University Press, 1960.

Barthes, Roland, *Mythologies*, London: Paladin, 1979.

Benjamin, W., "The Work of Art in The Age of Mechanical Reproduction", in

*Illumination*, London: Fontana, 1973.

Bennet, Tony, "Popular Culture and the 'turn to Gramsci'", in John Storey, Cultural *Theory and Popular Culture: A Reader*, Hertfordshire: Prentice Hall, 1998.

Bennet, Tony, *Culture: A Reformer's Science*, London: Sage Publishing Ltd., 1998.

Braisted Paul J., *Cultural Cooperation: Keynote of the Coming Age*, New Haven: The Edward W. Hazen Foudation, 1945.

Docker, John, *Postmodernism and Popular Culture*, Cambridge: Cambridge University Press, 1994.

Eliot, T. S., *Notes towards the Definition of Culture*, London: Faber and Faber, 1948.

Gramsci, A., *Selections from the Prison Notebooks*, London: Lawrence and Wishart, 1971.

Hall, Stuart; Hobson, D.; Lowe, A. and Willis, P. eds., *Culture, Media, Language*, London,

Hutchinson, 1980.

Hoggart, Richard, *The Use of Literacy*, Harmondsworth: Penguin, 1963.

Kroeber, A. and Kluckhohn C., *Culture: A Critical Review of Concepts and Definitions*, New York: Vintage Books, 1963.

F. R. Leavis, *Mass Civilization and Minority Culture*, in L. Johnson, The Cultural Critics, London: Routledge and Kegan Paul, 1979.

McCain, Thomas, "The Invisible Influence: European Audience Research", *Intermedia*, 1985, 13, 4/5.

MacIntyre, Alasdair, *Marcuse*, London: Fontana, 1970.

Marcuse, H., *One-Dimensional Man*, London, Abacus, 1972.

J. Hartley, D. Saunders, M. Montagomery, J. Fiske, *Key Concepts in Communication and Cultural Studies*, London: Routlrdge, 1994.

O' Sullivan, Tim; Hartley, J.; Saunders, D.,

Montagomery, M and Fiske, J., *Key Concepts in Communication and Cultural Studies*, London: Routlrdge, 1994.

Rosenberg, B. and White, D. eds., *Mass Culture*, Glencoe: Free Press, 1957.

Strinati, Dominic, *An Introduction to Theories of Popular Culture*, London: Routledge, 1995.

Welsch, Walfgang, *Undoing Aesthetics*, London: Sage, 1997.

Williams, Raymond, *Television: Technology and Cultural Form*, London: Fontana/Collins, 1974.

Williams, Raymond, *Keywords: A Vocabulary of Culture and Society*, London: Fontana, 1976.

文化手邊冊 59

# 大衆文化理論

作　　者／陸揚

出　版　者／揚智文化事業股份有限公司

發　行　人／葉忠賢

總　編　輯／林新倫

執行編輯／蔡佳惠

登　記　證／局版北市業字第1117號

地　　址／台北市新生南路三段88號5樓之6

電　　話／(02)2366-0309

傳　　真／(02)2366-0310

網　　址／http://www.ycrc.com.tw

E - m a i l／book3@ycrc.com.tw

I S B N／957-818-433-6

印　　刷／偉勵彩色印刷股份有限公司

法律顧問／北辰著作權事務所　蕭雄淋律師

初版一刷／2002年11月

定　　價／新台幣150元

國家圖書館出版品預行編目資料

大眾文化理論 = Popular culture theories /
 陸揚著. -- 初版. -- 臺北市：揚智文化，
2002〔民91〕
  面；  公分. -- （文化手邊冊；59）
參考書目：面
ISBN 957-818-433-6（平裝）

1. 文化人類學  2. 傳播

541.34                    91014684